キャンパス
ソーシャルワーク

大学における学生支援の必要性

米村 美奈・中澤 未美子 編著

みらい

執筆者紹介

*米村　美奈　淑徳大学総合福祉学部教授　　　　　　　　（はじめに・第1章・事例11・第7章・第8章）

*中澤未美子　山形大学学術研究院准教授　　　　　　　　（第2章・事例3・事例13・おわりに）

長沼　葉月　東京都立大学人文科学研究科准教授　　　　（第3章・第4章・事例14）

長沼　洋一　東海大学健康学研究科講師　　　　　　　　（第3章・第4章・事例14）

細野　正人　東京大学大学院総合文化研究科高度学術員　（事例1）

澤田　佳代　静岡大学学生支援センター修学サポート室特任助教　（事例2・事例19）

前田　多恵　多摩美術大学学生部学生課　　　　　　　　（事例4・事例11・事例17）

今井　優子　富山大学学生支援センター学生相談室　　　（事例5・事例6・事例7）

可児　由香　中部大学学生サポートセンター事務課　　　（事例8・事例16・事例20）

名城　健二　沖縄大学福祉文化学科社会福祉専攻教授　　（事例9）

吉村　和代　名古屋大学ハラスメント相談センター相談員　（事例10・事例18）

山田　将人　聖学院大学オリーブデスク　　　　　　　　（事例12）

森田三由樹　名古屋大学総務部人事企画課業務支援室障害者支援専門職　（事例15）

執筆順、*は編者

はじめに

　筆者は大学でソーシャルワークを学び、14年ほど病院でソーシャルワーカー（社会福祉士、精神保健福祉士）として勤務したのち、今から20年前に大学教員に転職し、そこで大学生の実態を目の当たりした驚きが本書作成の最初のきっかけです。

　ソーシャルワーカーは生活上の問題を抱える当事者自身のもつ力を発揮できるように、社会福祉の専門性を活用して、その問題の軽減や解決を目指し、本人らしく人生が生きられるようにサポートする専門職です。病院はさまざまな病気の患者の治療の場です。その中で病気にまつわる問題を抱えた人が、ソーシャルワーカーの対象者となります。一方、大学は入学した学生が講義やゼミ等を通して専門性に富んだ高等教育を学び、自らの能力を高める教育機関です。

　病院でのソーシャルワークでは大学生と接する機会が乏しく、また、自分自身の大学生時代の体験をもとに、現代の大学生は時間にも、体力にも恵まれ、社会的役割に縛られずに好きなことが自由にでき、楽しい学生生活を過ごしているものと想像していました。そこに病院で出会うような生きづらさを抱えた人が存在するとは考えてもみませんでした。わずか14年の経過とはいえ、筆者自身の大学生活に比べ、大学や大学生をとりまく社会情勢の激変がわかっていなかったといえばそれまでですが、深刻な実態があることに思いをはせることができなかったのです。

　教員になって、児童虐待について講義をすると、聴講後のリアクションペーパーに「（子どもの頃の）私と同じです」と訴えを書いてくる学生がいました。それを読み深刻な体験をしてきたと思いましたが、本人から「現在は回復しています」と聞き、安堵したのも事実です。

　しかし、筆者の165cmの身長を優に超す、体格のよい男子学生が今もって、「父親から罵倒され、暴力を振るわれる」

と怯（おび）えるようにいい、続けて、

「自分は、気持ちの表現が不器用で、人間関係のトラブルを抱えている」

といいます。その男子学生は親とゆっくり話した経験がなく、親は少しでも気に入らないことがあると暴力を振るい、そうした家庭環境で育ったため、

「自分には、他者とのコミュニケーションがわからない」

と語りました。筆者は愕然（がくぜん）としました。

その他の学生からも、身体的、心理的、性的虐待などを受け続けているという訴えを聴きました。経済的にも心理的にも、自立できない状態に追い込まれている大学生たちは、両親のもとから離れることができずに、学生生活に支障をきたしながらも、ひたすら耐えて必死に大学に通っていました。その状態で学業に全力を尽くすことができるわけがありません。

「大学生が、両親からの虐待を現在も受けているの？」

と自問自答し、親による虐待として、そこから離れられない状態であることは理論上は理解できましたが、親からの虐待から逃げられない状態に置かれてしまう大学生の実態に、強い衝撃を受けました。

「大学生になるまでに、救出してくれる人に出会えなかったのだろうか？」

「誰にも助けを求められなかったのだろうか？」

児童虐待が大学生になっても継続している実態がどれほど根深い問題であるのかを思い、本人の苦しみや学生生活の上に生まれる生きづらさを知って、本来、学生の責任に帰するものでないことで、学生自身が苦しまねばならない姿に怒りさえ覚えました。

特に筆者がかつて勤めていた病院は、児童虐待に組織的に関わる先駆的な活動をしていました。その取り組みの中で筆者は、ソーシャルワーカーとして児童虐待の早期発見に力を入れ、医療チームを組んで早期対応を目指していました。当時は、病院で児童虐待を食い止めなければ、子どもの命にかかわることになると考えられ、必死に取り組んでいました。まさか、児童虐待が大学生まで続くなど、考えることは出来ていませんでしたから、大学生の現状を知った衝撃がより大きかったのかもしれません。

　大学生のおかれている状況は、虐待だけではなく、さまざまなハラスメント、性的暴力の被害、難病や障がい、精神疾患、経済苦、ヤングケアラーとしての介護生活など、抱える課題が大きすぎて、いずれも学生生活に支障が生じていました。トラウマ等、深刻な後遺症も多く、それらが大学生活への不適応として表出され、学業にも集中することができない要因となっていました。対処がなされず、退学する学生もいます。

　出会った学生たちに話を聴くと、心の痛みだけでなく、実際に解決しなければならない学業上の問題や、生活上のさまざまな課題が存在していることは一目瞭然でした。深刻な課題を抱える学生に対応するのは、それに気が付いた者だけが行っても課題の根本的な解決には至りません。こうした学生の支援には長い時間を要します。筆者が出会う学生は、氷山の一角であり、教員の筆者がそのことだけに注力できないこともあり、一人での対応では不十分でした。

　大学が組織的に関わる意義や必要性をも認識し、大学に学生支援の必要性を伝えていきました。学内のさらなる相談支援の整備を渇望し、その相談支援の中心にキャンパスソーシャルワーカー（以下CSWrと表記）を配置していくことが必要だと、強く大学に要望しました。しかし大学の当初の反応は、
　「一部の学生支援に有効なだけであって、大学全体の学生支援にソーシャルワーカーの配置は必要性がない」
というものでした。それでも筆者は、諦め切れませんでした。それは、こうした根の深い問題を抱えている学生への支援には、必ずソーシャルワークが有効だという確信があったからです。

　大学に対して、ソーシャルワークはどのような働きをするのかなど、学生支援のあり方を説明したり、文書を作成したり、見えるように具体的な働きかけを継続しました。たとえば教職員に、学生や父母等の相談支援の実践の場へ同席してもらい、ソーシャルワークの実践をみてもらいました。また、先駆的にCSWrを配置している大学に話を聞きに行き、実践例を学びました。

　こうした取り組みを粘り強く重ね、学内の賛同者を増やしていくことができ、当

3

初から5年後、大学にCSWrの配置が可能となりました。

　当然のことですが、CSWrが配置されたから、すぐに学生の問題が全て解決するなどという、夢のような話はありません。学生の問題は複雑ですし、長い年月によって積み重なった問題ですから、解きほぐすのは容易なことではないです。問題を改善するには、CSWrが学内で有効に活動できる教職員からの理解や信頼、組織的位置づけなどが重要になります。

　特に現在、大学に配置されているCSWrは、一人配置が多いです。また、雇用形態も常勤勤務がほとんどいない状況です。さらに、学内において、大学からの情報が提供されづらかったり、発言する場が少なく、意見の吸い上げが困難であるなどの課題もあります。CSWrが学生支援を的確に行うためには、専門職としての技術力だけでは済まず、配置された環境にも多分に影響されることを熟知しておく必要があります。

　筆者は、CSWrの配置が可能となった次は、配置の継続自体が続くような環境整備が課題だと考えていました。そこで、CSWrの業務や、学生支援の有効性がわかる本書が教職員だけではなく、社会的な理解を深めることに役立つと考えました。周囲の理解こそがCSWrの活動を後押しすることになり、学生支援が有効に進むことになると考えたことが本書執筆第1の理由でした。さらにまた、それが一人職場で奮闘するCSWrの応援につながる期待もあります。

　ソーシャルワーカーには、守秘義務が法的に課されており、自らがどんな相談を受けて、どのような支援をしたかなどを公表できないしばりがあります。同じくCSWrも、どんな仕事をしてどんな役割を担っているかを日常的に公表することが、ほとんどないのです。したがってこの点に、CSWrの業務への理解が進みづらい理由があります。

　また、援助を受ける大学生側もプライベートなことであるため、どんな支援を受けたのかを気軽に公表しづらいものです。こうした点からもCSWrが何をする人なのか、正確に理解してもらうことは難しいといえます。筆者はソーシャルワーカーの特徴を考え、社会や大学に役割や意義の理解を深めてもらうことの難しさを再確

認し、打開策の一つに書籍の発行を取りあげました。

　本書執筆の第2の理由は、未だにCSWrの配置がなされていない各大学に対し、配置を検討していただく資料として、本書を活用して欲しいと願ったのです。大学における学生支援の必要性とキャンパスソーシャルワークがどのように役立つのかをご理解いただき、CSWrの配置の検討を前向きにしてほしいと切に願っています。

　本書は筆者と中澤未美子との共著の形を取っておりますが、筆者たちの呼び掛けに賛同し、各地の大学等で活躍しているCSWrたちが、その実践事例を多数執筆して下さいました。いずれも守秘義務のために、本人が特定されないようにし、本質を変えないように加工していますが、内容の全てが想像や架空のものではなく、CSWrが悩みながら活動している実態を示しています。

　第5章と第6章の多種多様な事例の末尾に、CSWrの「つぶやき」のコーナーを設けて、普段語られることの少ないCSWrの本音も掲載しました。多岐にわたる、こうしたCSWrの実践事例により、大学関係者にとって具体的な理解が進むよう工夫しています。

　大学は、優秀な受験生の確保に頭を悩ませています。そして受験生は、CSWrが配置されているところを、大学選びの選択基準にすることはまずないでしょう。なぜなら、大学へ学生支援を受けることを目的に受験する学生はいないはずだからです。

　当たり前ですが大学には、専門教育を受けることを目的に来ます。それでも入学後には、さまざまな学生生活上の課題が生まれます。受験生のニーズとして上がってこない学生支援にも工夫を凝らすため、多くの大学にCSWrの配置がされることに本書が役立つことを願っています。

　2023（令和5）年7月

　　　　　　　　　　　　　　　　　　　　　　　　　　　米村　美奈

目　　次

目 次

第1章　社会に役立つ大学であるために

1．大学の実質的役割の変化

　大学の起源をさかのぼれば、中世のヨーロッパが原点です。大学教育は教養を身に付けることのみならず、専門教育を行うエリートの養成をその使命として発展してきた経過があります。わが国においても、大学は明治期に高等教育として制度化され、学問原理やその応用の諸分野の「学術を育む場」と位置づけられ、知の体系を伝え、有為な人材を養成して、社会の発展に大きく貢献してきました。

　現代においては、大学改革の必要性が叫ばれ、今後の大学のあり方が中央教育審議会大学分科会で議論され、政府の方針に誘導されながら各大学でさまざまな改革が進められています。その背景の一つには、わが国は、2009（平成21）年に大学進学率が50％を超え、中等教育修了者の大学への「全入」傾向が進み、大学の実情としてユニバーサル化や大衆化が懸念となり、そこから派生した教育上の課題が関係しています。たとえば、「全入（学）」という言葉があり、入学試験の本来機能が発揮されない大学が生まれました。そのため、大学の講義についていけない学生が在籍し、卒業時に学位水準が危ぶまれる事態が起こってきました。

　さらに、少子化による社会変化とともに、「高大接続」と言われるような高校、大学教育、入試の3点を一体的に改革する方針が文部科学省により進められています。こうした方針のもと、大学に対し、従来のエリート教育から中等教育の延長教育への期待も大きくなっている実情があります。学問というより実学的な意味が強く、以前では、大学に存在しなかったキャリア教育等も正課の講義に組み込み、就職支援に力を入れる大学も多くあります。卒業時に社会が求める社会人になれるような教育が大学に強く求められています。例えば、2006（平成18）年に経済産業省が「職場や地域社会で多様な人々と仕事をしていくために必要な基礎的な力」として「前に踏み出す力」、「考え抜く力」、「チームで働く力」の3つの能力と12の能力要素

から構成した「社会人基礎力」の必要性を提唱しました。これが社会で活躍できる力として重要であるとし、社会人への入り口の教育を担う大学は、これらの能力の育成を意識するようになりました。

　他方、各大学の機能別分化を進め、世界的研究・教育拠点を主軸とする大学、高度専門職業人養成の大学、幅広い職業人養成、社会貢献（産学官連携等）等、各大学の特色を打ち出すよう文部科学省は推進しています。こうした方針は病院を機能別に（高度急性期、急性期、回復期、慢性期）整理し、患者の病態によって、利用する病院を選択させるのと同じような機能分化を進め、業務の合理化、効率化や経費の削減をさせる方針と類似していると言えるでしょう。

　専門教育の提供だけではなく、社会人としての自立を目指すこと、育成することを大学教育に社会が求めているということがわかります。こうした社会の流れの中で、大学のあり方に大きな変化が求められています。

2．義務教育の延長線上にある大学

　大学がユニバーサル化したといわれるなかで問題視されている教育上の課題は、どのような学生に対しても教育の質保証を担保することです。それは、いわゆる偏差値の高位大学においても中等教育の補完教育が課題になっていること自体から、それが大学の責務として対処を迫られていることからも理解できます。文部科学省は、中等教育の補完教育そのものを科目として設置することを許していません。

　しかし、大学は、正課内の講義だけでは、補完教育が行き届かないことから学生の学修支援の場として、「学修サポートセンター」や「ライティングサポートセンター」等を設置し、個別的な学習サポートの場をもつ大学も多くあります。

　大学が入学を許可している学生のなかには、中等教育の補完教育がなければ大学の正課の教育についていけない実態や、主体的に学ぶ意欲を持てずに単に大学に籍をおく姿も見られることも問題視されています。課題である教育の質保証は、学生が学びへの主体性や意欲を自発的にもっているところから発想されています。当然、大学は、義務教育として学ぶ義務を課しているのではなく、自発性に支えられ、主体的に学ぶことを前提としています。学ぶ意欲がなくなれば、教育を受ける必要は

なく、退学は自由にできるわけです。しかし、それで退学後に主体的に生きて、新たな道を歩む退学者ばかりとは限りませんし、引きこもりにつながるきっかけにもなります。こうした休退学者の先行きの見通しの悪さや社会とのつながりの断絶も懸念されます。

　一方、入学定員の厳格化が求められ、定員を超えて過剰に入学させることを制限されている大学は、入学した学生を休退学させずに卒業させることを、経営上の観点からも考えるようになっています。このような大学の意識の変化は、義務教育を行う教育機関の教育提供のあり方と類似しています。

　他方、学生の経済的な支援策として、2020（令和２）年度に非課税世帯やそれに準ずる世帯に対し、消費税の引き上げ分を活用して、高等教育の学費負担を軽減する対策がスタートしています。低所得層の学生向けに給付型の奨学金を拡充し、入学金や学費の減免、免除、通学費等の支援をするというものです。こうした試みは、学力的、経済的側面からも、「大学は一部の選ばれた者が行く」という旧来の観念ではなく、誰もがチャレンジできる（義務）教育の延長上にある最終学校という感覚に近く、高等教育が個人の能力に応じ、すべての者に等しく解放されねばならないとする、国際人権規約（「社会権規約」第13条２）に準ずるものでもあり、現実に即した経済支援といえるでしょう。

　このような国の経済支援のあり方を見ても、低所得者層に限る支援ではありますが義務教育の発想がみえてきます。

３．大学が求められる人材養成における教育力やそのシステム

　大学の「教育の質の保証」に関する重要事項の一つとして、考えるべき課題は、学生の学士としての力を付けた上でいかに社会に役立つ人材に育成できるかということです。その成果は大学の存続に関わり、外部の評価もあり、喫緊の課題であります。このように、人材育成として大学の教育力が求められるのは当然でありますが、単に教授方法の検討や修学の管理をしただけでは解決できない現実に、各大学が直面しているといえます。

　具体的には、学生が大学の教育を享受できる環境を整える必要性が増し、大学は

13

主体的に課題解決に取り組まなければ、これまで以上に社会的な責任が問われる時代となっているのです。学生が修学に関する以外の何らかの課題を抱えたことによって学業が遂行できない、または学業を遂行しづらい場合に、原因が大学組織の問題であれば積極的に関与し、問題の改善や緩和に取り組む必要が求められるようになっています。また、原因が学生個人やその家庭や家族から派生する個人的な課題であっても、問題の改善や緩和に取り組むことが学内のみならず、社会からも求められているのです。現に多数の大学で保健管理センターや学生相談室といった直接改善を目指す部署に精神科医、カウンセラーやキャンパスソーシャルワーカー（以下、CSWr とする）を配置させて、個別的な問題にも対応している実例があります。

　そのような組織課題や個人的課題の実際例を後述していくことにします。

４．認証評価制度と学生支援

　2004（平成16）年度から学校教育法に基づいて、国公私立すべての大学、大学院、短期大学、高等専門学校等に対して、７年以内に１回、文部科学大臣の認証を受けた評価機関（認証評価機関）による第三者評価（認証評価）を受ける機関別認証評価が義務付けられています。各大学は、自らの使命を自覚し、大学として適切な水準を維持すると同時に、理念や目的の実現に向けて組織活動に取り組むことが求められています。認証評価は、評価機関が設定する「大学基準」に適合しているか否かを判定するものです。現在において、大学の主体的努力を尊重し、質の保証及び質の向上を図るシステムとして、ＰＤＣＡ（計画・実行・評価・改善）サイクル等を適切に機能させることを内部質保証として益々、重要視しているのです。

　認証評価機関の公益財団法人大学基準協会が設ける10項目の基準の第７に「学生支援」の項目が設けられています。その内容は、

　　大学は、自ら掲げる理念・目的を実現するために、学生支援に関する方針を明確にし、その方針に沿って、学生が学習に専念し、安定した学生生活を送る上で必要となる修学支援、生活支援及び進路支援を適切に行わなければならない。[1)]

と規定しています。さらに具体的な解説には、

　　　学生の生活支援として、心身の健康、保健衛生等に係る指導、相談等を適切
　　に行うために カウンセリング等の体制の整備に加え、学生の生活環境に配慮し
　　た支援が必要である。また、学生が快適で安全な学生生活を送れるように、学
　　生の人権を保障し、ハラスメントの防止に十分に配慮しなければならない。[2)]

とし、「学生生活に配慮した支援」の必要性が明確に示されて います。これまでの
個人カウンセリングだけの支援にとどまらず、安定した学生生活を目指した生活支
援を評価内容としています。生活支援とは、学修にとどまらず、日常を暮らせるよ
うに支えることであり、生活には学生本人に関することにとどまらず、家族や周囲
の人々へのアプローチも対象として増えるということです。法的に定められている
認証評価制度の評価基準においても、明確に生活環境の支援が求められるようにな
ったということであり、根底に学生を包括的にとらえようとする視点があります。

５．学生の個人的課題を大学の組織の課題としてとらえる実際例
（１）具体例１　奨学金をめぐる「学生への対応」と、「家庭に踏み込んでの対応」
　　次に、学生の学習が滞る課題を解決する際に原因をどこに見出し、支援をどのよ
うに行うのかを具体例を上げて、大学としてその視点の置き方を確認してみましょ
う。
　　奨学金を借りて大学に通っている学生は、学費の支払いに問題はないと思ってい
ましたが、両親が黙って奨学金を生活費や借金の返済に使ってしまい、学費の支払
いに当てることができなかったという実例があります。奨学金の総額何百万円とい
う借金は、卒業後の学生本人の返済として、その肩にずっしりとのしかかると同時
に、在学中の学費の支払いの対策も講じなければなりません。この例に見られるの
は、担保もなしに未収入者が現金を借りられる制度が充実しているということでも
あります。中には、学費が支払えないことや奨学金を家族の生活費に使ってしまっ
たことを学生本人には伝えないでほしいと懇願する父母等もいます。

　経済的に厳しい家庭の中には、家庭全体の年間所得のうち学費が2分の1以上を占める状態もあります。こうした家庭は、義務教育の延長線上のような感覚で大学への進学を考えているのかもしれません。しかも、経済状態が厳しい家族の状態が両親のリストラや病気、景気の悪化などの不測の出来事から生じたものではなく、もともと学費を支払う余裕のない経済状況の家庭であることが見えてくる場合も少なくないのです。この場合は、家庭の経済が大学の学費負担が生じると成り立たない状態でもあり、学業に支障のない範囲で学生がアルバイトをして解決できる額の問題ではないのです。学生が継続的に学業を続けられるように、根本的な解決を考えるときに、その家庭の経済観念や計画的な資金の使い方に関する課題が見えてきます。どこまで、またどのように大学がこうした問題に関わっていくのかは、大学の学生支援の方針となります。そこには、学生支援を大学教育の一環として考えるのか否かが、方針決定の際の指針となると考えます。

　学業が順調であっても学費が支払えなければ、一定期間の休学か、もしくは退学や除籍とならざるを得ないのが非情な現実です。わが国の主要な奨学金支給窓口に独立行政法人日本学生支援機構があります。奨学金の支給には必ず大学が間に入って手続きを行うシステムとなっており、大学に返済義務はありませんが、大学が関与しているということは単なる窓口役割ではなく、教育的思考を働かせ、学生に借り入れを行うことの意味等も考えさせる役割が求められているとも考えられます。

　奨学金の使い方に問題がある場合には、学生対応だけではなく、家庭にも踏み込んだ支援的な対応が必要であり、具体的な対応策を考えなければ根本的な解決はできません。学生の定員管理が厳しくなっている中で入学者を増やせないならば、退学率を減らすことは大学の経済上必須であり、差し迫った課題であります。それゆえに、「お金がなければ、退学、除籍は仕方がない」などと、中、小規模の大学も学生の退学を簡単に見過ごせない状況となっています。

（2）具体例2　障がい学生の対応

　次に、障がい学生の支援のあり方について考えていきます。障がい学生への個別的支援のあり方を検討する視点と、大学組織としてどのように対応するのかの視点

が両立することが必要となります。

　発達障害者支援法第八条2では、「大学及び高等専門学校は、個々の発達障害者の特性に応じ、適切な教育上の配慮をするものとする」と明示されています。「適切な教育上の配慮」をどのぐらいどのように実施するのかは、具体的に示されていないために、各々の大学が独自に実践することが求められています。「教育上の配慮」とは、講義を受講するための配慮に留まらないため、学校生活全般ということになるでしょう。

　そしてまた、「障害者の権利に関する条約（略称、障害者権利条約）」批准後の国内法制度の整備の一環として、2013（平成25）年12月に「障害者差別解消法」が制定され、障がいを理由とする差別を禁止し、「合理的配慮の不提供」を差別として位置づけています。したがって、さまざまな障がいのある学生の学校生活に対し、例外を除き、過度な負担が生じない限り、法的義務あるいは努力義務とされています。

　ここでもまた、「合理的配慮の不提供」がどこから当てはまるのかという厳密な規定がなされているわけではありません。個々の学生と大学の状況の中で個別に対応しているのが現状です。そのような場合に学生の障がい自体や生活力、現在の社会や他大学の現状等を多角的に理解し、整理した上で合理的配慮の実際と支援のあり方が決定されるのが現実的でしょう。したがって各大学の現況や、大学を取り巻く環境によって合理的配慮が提供されることになりますが、新しい価値観の導入には判断することの難しさが伴うのが普通です。

　たとえば、発達障害、不安障害、統合失調症の障がい事由によって出席が出来ない学生や、大教室に入れない学生への配慮を大学はどのように考えればよいか悩ましい問題です。教室への出席ができないのならば、通信制等の大学を選ぶべきだと考えるかもしれません。また、統合失調症による精神疾患の症状や障害によって、大学に出席することができないのであれば、録画した講義の映像を他所で視聴するという手段を合理的配慮として、図るかどうかを思案するなどの判断が必要となるでしょう。

　入学を許可した大学は、講義内容を示すシラバスに記述されていることが、たとえ、どのような障がいがある学生であっても、これまでの努力義務ではなく、等し

く学べるようにする合理的な義務とされ、はっきりとした判断になることは時間の問題であるといえるでしょう。

　こうした障がい学生への合理的配慮は、障がい学生の状態を個別的に判断する能力が求められ、そこに大学全体の状況と周囲の環境を合わせて考える専門的な視点が必要となります。上記のような合理的配慮を要する障がいや疾病を累計すると、その数は莫大です。学生の中には、障がいが重複している場合も当然存在します。同じ障がい名でも異なる支援方法を選択する場合もあります。大学がこのような判断を常にしていくためには、障がい者支援に対する専門的知識や権利擁護の視点と支援のシステムの構築が必要となります。

（3）具体例3　ハラスメントの対応

　次の例は、ハラスメントの対応です。大学を職場と考えるとき、ハラスメントは教職員同士にも起こり得ますが、ここでは深刻な事態が発生している学生と教員間の問題から、大学の組織として何が必要であるのか考えてみたいと思います。

　関係性上でパワーを持ちやすい教員が加害者となり、被害を受けやすい学生との間で起こるハラスメントがなくなる様相はありません。ハラスメントが起こる以前の予防的対応と、発生後の解決に向け、適正な学業環境を構築する事後対応の両者を実践していかなければならないのです。しかし、現実は進まない状況が散見されます。

　学生が安心して相談できる場のシステム構築に始まり、学生の人権を守り、身体的、精神的な配慮への対応と加害者への対応も必要です。学生対応は、しばしば専門的な知識や技術を要することが多く、大学によっては、ハラスメントの専門相談員の配置があります。また、加害者である教職員には、懲戒処分によって対処されることもあります。しかし、それと同時に、二度と同様のことが起こさないようにする対応が、教育機関である大学に求められます。謝罪すれば、反省して同じことが二度と起こさないとは限らないのが、問題の難しさです。予防に尽きますが加害を起こさせない教育の視点も、就職後を見据えた学生教育として必要です。

　ハラスメントとは、互いの関係性のあり方の表れの一つの形であります。支配し

ようとする加害者が力で相手の意思の尊重を試みずに行われる行為です。被害を受けた学生が傷つく体験をし、二次的被害として疾患を発症することも起こり得るため、十分な初期対応を行う知識や技術が求められています。現実的に事前事後の対応の悪さが多くのマスメディアを騒がし、大学の姿勢が問われる例が発生するのです。

　このような事案は、学内で教職員、学生への防止のための研修を行い、規程やマニュアルをいくら作成しても発生しています。マニュアルを作成したのちに、いかに実践的に有効に展開できるかを見定めるシステムが重要となるのです。学生、教員への個別的な対応から学内対応へのシステムづくりを連動させて行っていく実践力が必要となり、これが個別的な支援の質の向上につながるのです。

６．キャンパスソーシャルワーカーの投入の有用性

　先に３事例を取り上げ概観してきました。以前の大学はマスで動いていれば、十分にその機能は果たすことができる組織でありました。しかし、これまで上げた例からも明らかなように、大学組織として運営上の課題をどのように対応するのかということと、学生への個別的な対応の両者が必要になっていることがわかります。事例の障がいを持つ学生個人の対応と、そこで派生した課題を大学がどのように組織的対応とするのか、その両者を連動させて取り組む必要があることがわかります。

　今や大教室の講義よりも少人数制の講義が学生教育には必要であるという認識が増し、講義だけでなく大学運営の随所に個別対応が求められています。また、少人数制の講義や対応という運営方法が、大学の特長となる時代になっています。しかし、これまでの大学は、個別的な対応へのノウハウを蓄積することができずに来ていました。現在では、アドバイザーと呼ばれるような教員が、学生個人に対する相談に応じられるように担当制を図ったり、保護者の面談に応じられるような準備をしたり、キャリア支援においても個別的な相談を丁寧に行うシステムが構築されています。

　このように個別的な対応と、それをシステム的に運用できるような包括的な対応が内外から要請されていることがわかります。

第1章　社会に役立つ大学であるために

　先に述べたように、担当教員が個別的な学生相談に積極的にのろうとすると、既存の大学教職員のみでは対応できないほど、複雑で難しい相談事が寄せられるようにもなっています。一生懸命相談にのっていると、専門技術のない教職員では太刀打ちできない相談内容に出会うこともあります。相談を受けた責任から無責任に途中で対応を辞めることもできません。

　例えば、父母等からの虐待を受け続けて大学に来ていた学生が暴力に耐えかねて、家を出てきても20歳を超えた学生を、児童相談所は法的に保護することはできません。こうした学生が頼れる社会的サービスは、豊かでないため、すぐに安全に学生を守れるところに結び付けることが難しい実態があります。父母等から命も奪われると心配をする経済的ゆとりのない学生を、大学はどう守れるのか、学生の個別対応を充実すれば、学生の生活上派生する今まで見えてこなかった課題を、大学は目の当たりにすることになります。社会的接点がアルバイトか大学でしかなく、大学にしか頼れない学生をどうするのか、社会からも問われる日が近づいています。

　このような課題に対して、社会からの要請を加味し、社会から必要とされる大学が生き残るための一方策として、学生への個別対応の充実と集団教育の維持の両者を可能とさせる知識と技術を持ち合わせているCSWrの人材投入が有用であると言えます。

　2010（平成22）年頃から大学に雇用されるCSWr（社会福祉士や精神保健福祉士の国家資格を有する者）の数が徐々に増えつつあります。ソーシャルワーカーは、生活上の問題を抱える当事者自身のもつ力を発揮できるように社会福祉の専門性を活用して、その軽減や解決を目指す専門職です。社会福祉施設はもとより、市役所や多様な相談機関、病院などの人々が生活上利用する場に配置され、対象となる個人へのアプローチのみならず、地域や社会全体へのアプローチを行い生活課題の改善に取り組んでいます。

　CSWrが大学でどのように機能するのか、どのような役割を果たすのか事例を含めて第2章以下で詳しく述べます。

7．学校にソーシャルワーカーを配置する

　教育分野においては、2008（平成20）年4月に文部科学省は、小中学校における「スクールソーシャルワーカー活用事業」を研究事業として実施し、次年度から補助事業として本格的に学校で活動するスクールソーシャルワーカーの配置促進を目指しました。文部科学省は、いじめ、不登校、暴力行為、児童虐待など、児童生徒の問題行動等の改善には、家庭、地域、学校等の児童生徒が置かれた環境に着目した働き掛けや学校の枠を越えて関係機関等との連携強化やコーディネーター的な存在が必要だとし、教育現場へのソーシャルワーカーの配置に踏み切っています。この状況下で近年には、大学に入学する学生の中にも高等学校卒業時までにスクールソーシャルワーカーの存在を見聞きしている者や直接支援を受けた者が存在するようになり、大学にソーシャルワーカーがいないことに違和感をもつ学生が誕生することは時間の問題となるでしょう。一方では、社会福祉学を学ぶ大学には、スクールソーシャルワーカーを養成する大学もあり、その知名度はこれから上がってくることが推測されます。

　現在、大学への進学率は上昇していますが、18歳人口の長期的な減少によって生じた、先に述べたような大学全入状況も続いています。その中で私学の4割強が定員割れを起こしているといわれています。そのため、学習意欲、知識、興味関心、生活スタイル等の多様化する学生の入学をみています。以前から大学で学生相談にあたるカウンセラーからも、学生相談内容の多様化、重度化、複雑化が指摘され、相談内容の傾向は、心理的アプローチのみで解決に結びつかず、生活上の現実的な課題が問題となっています。例えば、先に事例で示した環境整備の必要性があるハラスメント問題や学業不適応学生、卒業後の進路が定まらない学生には、多種多様な社会サービスの活用や何らかの福祉的サービス等の必要性が指摘されています。[3]

8．わが国の学生支援のあり方の提唱

　大学の学生支援のあり方を見直す動きに大きな影響を与えたのは、2000（平成12）年に「教員中心の大学」から「学生中心の大学」への視点の転換の重要性や学生の指導体制の充実を述べ、座長の廣中平祐氏がとりまとめた「廣中レポート」と

言えるでしょう。

　この報告書（「廣中レポート」）では、多様な能力や適性を有する学生に適切な対応をすることを前提にし、総合的な学生支援の充実を大学に求めています。さらに、サークル活動等の自主的な活動やキャリア支援や、インターシップ等の正課外教育の意義の積極的な捉え直しなどが提言されています。また、学生相談を特別な学生が行うところという認識から、すべての学生を人間形成の機能をもつ対象と捉え直すことを提示しています。さらにカウンセラーの充実や学外諸機関との連携強化や「何でも相談窓口」の設置を推奨しています。また、不登校者への相談支援の意義を述べ、きめ細かな相談・援助が望まれていると提示しています。

　報告書の結びでは、大学が幅広い知識と人間性を備え、自立した人間を育てる社会的責任を果たすために、この報告書を参考にしてほしいと作成の目的を示しています。

　この報告書が出された後に日本学生支援機構は、2005（平成17）年に「大学における学生相談体制の整備に資する調査研究」事業を立ち上げ、2007（平成19）年に報告書を出しています。本報告書では、「学生相談の機能を学生の人間形成を促すものとして捉え直し、大学教育の一環として位置づける必要がある」とした廣中レポートを基本的考え方に据え、「学生支援の3階層モデル」を示し、総合的な学生支援体制を提言しています。

　3階層モデルの第1層は、「日常的学生支援」として学習指導、研究室運営、窓口業務をあげ、第2層は、「制度化された学生支援」としてクラス担任制度、アカデミックアドバイザー、チュートリアル・システムをあげ、第3層は、「専門的学生支援」として、学生相談機関、キャリアセンター、学習（修）支援センター、保健管理センターがあがっています。

　ここでは、各階層間での交流および連携・協働と各大学の個性・特色を活かした体制づくりが必要だとしています。これこそが学生支援の充実の鍵であると考えられます。各層にある相談できる機能を有機的に結びつける役割や、その仕組みをどのように開発していくのかが相談支援体制の先行きを決定していきます。そして、学内の相談支援の組織のそれぞれが必要時において、外部機関と結びつくことで学

生の充実した支援の可能性が開かれます。この内外との連携が可能となる仕組み作りや、その仕組みの継続的で適正な運営を可能にする機能を、キャンパスソーシャルワークは十分に担うことができるのです。

　キャンパスソーシャルワークは、学内の相談体制がどのような状態であるのかについて、適格な評価（アセスメント）をした上で相談支援体制の仕組み作りを行い、内外との連携を構築するため策を講じるネットワーキングの技術を用いることができます。

9．キャンパスソーシャルワーカーを配置している大学の実態

　実際にCSWrを配置している大学が、なぜ配置するに至ったのかが気になります。これは、筆者が以前にCSWrを配置している大学のCSWrに、大学が配置することに至った経過を聞いてみました。[6]10校あまりに過ぎない校数でしたが5点の理由が出てきました。

　（1）学生対応に専門性が必要だと感じた

　（2）教職員だけでは、学生対応に困難性を感じた

　（3）学生の問題が多く起きるようになった

　（4）学内において連携した支援が必要になった

　（5）大学で父母等からの相談が増えた

以上のようなことからCSWrに力を借りたいと考えたことが、配置に至った理由としてあがっています。

　さらに、大学がCSWrに期待する役割や業務を、先の配置に至った理由と同様に、CSWrに確認したところ、その事由が13点に及びましたのでそれを列挙しましょう。

　（1）引きこもり学生への対応〈自宅訪問などのアウトリーチ〉

　（2）学生問題の予防的な対応〈教職員から情報収集や研修等の教育活動〉

　（3）心理的な相談に加えた現実的な問題解決〈経済面・就職面・居場所の確保・不登校者へ対応〉

　（4）障がい学生への対応〈他機関の利用・合理的な支援の判断資料の提供・システムづくりと運営〉

（５）支援活動としての居場所作りや運営〈居場所作りの発案や運営〉

（６）一人暮らし学生への支援〈生活への具体的なアドバイス・訪問等〉

（７）教職員へのコンサルテーション〈発達障がい・聴覚障がい・精神障がいについて〉

（８）キャンパスハラスメントに対する対応〈相談・対応・フォローアップ〉

（９）退学者防止への支援〈成績不良者への積極的面談〉

（10）社会資源の紹介〈弁護士等専門家の紹介・同じ悩みを持つ人の紹介等〉

（11）教職員の学生対応への負担軽減〈支援連携会議・情報交換・情報の集約化〉

（12）学生支援としての危機的介入〈自殺者防止の取り組み〉

（13）研修等の企画〈学生・教職員研修の企画や開催〉

こうして列挙してみると、かなり多岐にわたる内容であることがわかります。これは、CSWrから聞き取りをした内容でありますから、大学から指示や依頼されているだけではなく、実際にCSWrが果たしている役割でもあります。

また、大学で働くCSWrは、自身で認識して以下の８点を大学に存在する意義として上げています。

（１）社会へ出る最後の教育機関で社会性を育成する

（２）成人しているが未成熟な学生へのサポート

（３）親からの自立の実現への支援

（４）カウンセラーより敷居が低く、相談しやすい

（５）人の生活する場でもある大学にもソーシャルワーカーが居るのは、当たり前

（６）卒業後のフォローアップ

（７）卒業ばかりが人生の目的でないことを一緒に見つけていく

（８）障がい学生（特に就職）への対応

最後にCSWrの支援の対象者である学生のニーズについて、CSWrは以下のような11点をとらえています。

（１）対人関係の問題に関する支援

（２）心理的支援

（3）障がい学生の支援

（4）ソーシャルスキルトレーニング

（5）大学内の居場所に関して

（6）引きこもり学生に関して

（7）修学についての具体的な支援

（8）望まない妊娠について

（9）進路に関して

（10）経済的な支援

（11）ハラスメント、性的被害に関して

　大学が学生の支援として上げている項目と重なる内容もありますが、大学が認知していないような内容を、学生はCSWrに相談したいと考えていることがわかります。
　最後にCSWrが配置されている大学がどんな効果を感じているのか確認してみると5点ありました。その内容は、

（1）学生が悩むことができる

（2）教職員との情報共有ができる

（3）外部とのつながりができる

（4）家族との協働の芽生え

（5）教職員が抱え込まない（一人で悩まない）で済む

という事項でした。こうしたことが多岐にわたる相談内容を対応するなかで実践できている点ということになります。
　これらが実際にCSWrを配置している実態としての一部としてみることができます。

【注】

1）公益財団法人 大学基準協会『大学評価ハンドブック（2021（令和3）年改訂）』　p.66

2）公益財団法人 大学基準協会『大学評価ハンドブック（2021（令和3）年改

訂）』　p.79

3）吉武清實（2010）「学生相談の近年の傾向と課題」『大学と学生』第82号

4）文部省高等教育局『大学における学生生活の充実方策について（報告）−学生の立場に立った大学づくりを目指して−』（平成12年6月）、「廣中レポート」

5）『大学における学生相談体制の充実方策について―「総合的な学生支援」と「専門的な学生相談」の「連携・協働」―』（日本学生支援機構　2007（平成19）年3月「苫米地レポート」

6）米村美奈「大学におけるCSWrの必要性とその実態」2011（平成23）年『学校ソーシャルワーク研究』第6号

第2章　高等教育機関での学生支援

1．教職員による学生支援　いろいろな大学と、いろいろな大学生

　大学生は、分からないことがあったとき、まずどのような解決行動をとるのでしょうか。例えば、ある学生が、「学内のイベントに参加したいが、いつ、どこでやるのかが分からなくなってしまった。どこに問い合わせればいいのだろう？」と困っていたとします。この学生は、まずどうするでしょうか。友だちがいれば、友だちに聞くかもしれませんし、今のご時世ですと、人に相談する前に、まずはネットで検索するのかもしれません。しかし、ネットの検索で得たい情報が得られなかったとき、学生は、どうすればよいのでしょうか（「どうすればいいか」と検索するかもしれないですね）。

　さて、実は、この学生には発達障害がありました。この「発達障害」という情報が付加されたとき、読者の皆さんは何を思いますか。「あぁ、発達障害があるからイベントの情報をどうやって調べればよいのか分からなくなってしまったのか」と考える人もいるかもしれませんね。

　本書で問いたいのは、例にあげた状況を、「発達障害の学生が困っている」と捉えるか、「学内イベントの情報にアクセスしにくい」と捉えるのか、ということです。その正否ではなく、後者の視点の強化を求められれば、キャンパスがどんな学生にとっても過ごしやすくなっていくと思います。

　筆者は、学生支援専門のセクションに所属していて、学生の対応に困っている教職員へのコンサルテーションの経験がありますが、学生の病気や障がい、特性に目が行き、理解しようとはするものの、学生の生活状況に思いを馳せることができなくなってしまっている例を多くみかけました。もちろん一般の大学教職員は、学生支援を専門に勉強してきたわけではありませんから、学生支援の視点や対応がまちまちになるのは当然です。大学は、学生という役割の人間と、教職員という役割の

人間が共存する一つのコミュニティといえます。いわゆる実際の地域社会でもそうですが、一つのコミュニティの中には、さまざまな人がおり、皆がそれぞれの生活をしています。大学の外から見れば、「同じ大学の学生」ですが、家庭の経済状況の差や疾病や障がいの有無があります。この格差の是正を目指し、どのような学生でも過ごしやすいキャンパスを学生とともに目指すのが「キャンパスソーシャルワーク」です。

（1）「大学は自由」が怖いわけ

　大学生は、これまでの小学校、中学校、高校などの教育機関と異なることがいくつかあります。高校までのように、担任の先生がいて、分からないことは、とりあえず担任に聞けばよいという受動的な学習に慣れていると、大学の、「自分で時間割を決める」という能動的な学習への変化に戸惑いを感じるでしょう。また、大学には学年が上がらない「留年」という仕組みもあります。

　日本では、高校生から直接大学生になることが多く、紆余曲折せずに受動的な教育システムの中で生きて来たのが、突然に「大学」という自由度が高い大きな枠組みで過ごすことになるのです。大学生活は、「分からないこと」「迷うこと」の連続ですが、見かけ上は、皆が戸惑っていることが分かりにくいのです。さらに、一人暮らしを始めた場合、親からの日常生活に関する干渉も少なくなります。寝る時間、起きる時間も自由で、何時に家に帰ってこようが、何を食べようが食べまいが、アルバイトをしようがしまいが（アルバイトをせざるを得ない学生の貧困もあります）、すべて自分の好きなようにできます。しかし、自分で決めていくということは実は難しいのです。

　大学生は、社会人の準備期にもあたります。自分で解決方法を考え、解決に向ける実行力や、自分のこと（特性、能力、得意なこと、苦手なこと）を知り、そして自分の限界を人に知らせることの重要性を身につけていく時期ともいえます。そのため多くの大学では、第1章で述べたように現在、キャリア教育など、社会に出る前のイロハを学ぶ機会が設けられ、社会人として「適切な」行動がとれるよう、「常識」や「マナー」を教えてくれるシステムが組み込まれています。大学は就職率や、

どのような企業に就職したかがデータとして公表され、世間の目から評価されるからです。

　また、日本においては、一度働いてから大学に入学する人（社会人大学生、大学院生）はまだまだ少数です。学び直しは一生のうち、いつでもできる、何度でも再チャレンジできるというのを受け入れているのが大学ですが、高校からすぐに大学に来てしまうと、再チャレンジできる構造は見えにくく、例えば留年することが大きな躓きに思えてしまう学生も少なくありません。大学は本来自由度が高いものですが、大学も高校までの教育と連続しているのが普通に思える社会構造も、若者を苦しめている理由の一つかもしれません。

　社会が発展するにつれて、結婚という制度を使用するもしないも、子どもを産むことも、昔よりは自由に選べるようになってきました。極端な例ですが、一昔前は、女性は高等教育を受けたとしても、仕事は結婚までの「腰かけ」と表現されており、そうでない選択をすると、どうしてかと疑問に思われることもありました。また、現代では働き方も多様化しています。このように社会が変化しさまざまな選択ができるようになりました。しかし、選べるようになったということには、自分で選んでいく力が必要になります。いろいろと選ばなくてはならない大変さが付随します。このような「多様な」生き方ができる社会では、親との関係、友達との関係、学校との関係も変わってきます。

（2）現代の大学生に求められる「選ぶ力」

　「選ぶ力」の大変さについて、もう少し続けます。自由や多様にはセットで、先に例に出した学内のイベントにせよ、授業にせよ、基本的に大学では一貫して学生自らが主体的に参加することが求められます。一部の高校では、探求的に学習を進めるプログラムが展開されていますが、大方は、大学入学前には、与えられたことを学習し、指示されたとおりに学びを深めてきた「優秀な生徒」となります。そんな優秀な生徒が、大学に入ったとたん「落ちこぼれの学生」に転換してしまうことは、教育のシステム上の課題とも考えられないでしょうか。学生個人の問題や障がいにのみ帰結するのは、とても酷なことだと筆者は思います。つまり、大学という大き

な枠の中で、自らが主体的に器用に動くことを求められます。誰でも生きていれば、どこかで選択を求められます。例えば、資格を取得することを主な目的とした大学は履修に関して選択する機会が比較的少なく、学生が困ることは少ないかもしれません。しかし、社会人になれば臨機応変な対応が必要な場面が出てきます。高校までの教育と大学が違いすぎるのが問題で、小さい頃から勉強に自由度を取り入れることができる教育が広まれば、もっと早く自分の特性に気がつくこともできると思います。これまで指示にしっかり従って、真面目で何ごともきっちりとこなせる人にとって、大学はそもそも面喰ってしまうシステムなのです。

　また、人間関係においても、実際の人間関係と、SNSなどのオンライン上での関係の多様な関係がある時代です。オンラインは、志向が合う人と簡単に繋がることができる素晴らしいツールですが、一方で、やり取りしたくない人を単純操作で「ブロック」し断絶できるという一面もあります。熟考してのブロックかどうか、ブロックされた方からすれば判別はできません。操作のミスかもしれません。人とコミュニケーションしながら心の距離感を上手にとり、お互いに気持ちのいい関係を築くことができるのが一番なのは、対面の人間関係でもオンラインの人間関係でも共通ですが、それぞれに良い面、悪い面があります。対面では、その人の表情やまとう雰囲気、しぐさが分かり易い反面、会いに行くまでの身支度、移動の時間などがかかります。対面とオンラインのコミュニケーションの使い分けが必要な時代になっています。

（3）大学が学生の悩みに対応することの意味

　先に述べた大学の姿勢は、「学生支援」として組織設計に反映されています。例えば現在、大規模大学では「学生サポートセンター」や「なんでも相談」のような名称の総合窓口が設けられています。百貨店の出入り口に設けてある総合インフォメーションのようなイメージです。学生は、何か分からないことがあれば、とりあえずここで尋ねるとよいとされています。しかし、その運用の中身を見ていくと、業務種別ごとに分かれており、学生はより詳しい情報を得るために、さらに担当の窓口に案内され、たらいまわしのような対応になることも少なくはありません。本当

に学生の立場になり、ワンストップのサービスを大学が提供できるようになるのは、もう少し時間がかかりそうです。

　学務関係で多い問い合わせは、授業や奨学金・授業料免除に関すること、次いで、寮やアルバイトなどの生活面についての手続きに関する問い合わせだと思われます。これらは、生活に直結する事柄です。筆者は、単位の取り方について学生が学務カウンターで説明を受けている場面に幾度となく遭遇しました。学務的な支援は一見至極現実的です。しかし、例えば学務的な相談が頻回すぎる裏には、何か事情があるかもしれません。ここで、一度立ち止まって考えたいのは、「機械的」な対応を続けることがベストかどうか、ということです。

　例えば、問い合わせの中には、そもそも正解のないものもありましょう。賢明な学生たちは、大学の中にカウンセリング室や学生相談室という部署があるのを思い出すかもしれません。あるいは、学務に携わる職員が、その存在を伝えてくれるかもしれません。大学では、事務職員、技術職員等のスタッフ、また教育・研究を行う教員がそれぞれの任務で働いています。職種は異なれど、どの教職員も大学で働いている以上は、直接的・間接的に学生の支援を行っているといえます。この時に、どのような職種の職員でも学生の問い合わせが、どのようなことから派生しているのかな？と想像してみてもらえると、より大学はよくなっていくと思います（もちろん、学生自身が少ない手がかりから自分で解決できるような力を身に付けることも必要です）。悩みが成長をもたらすことはあります。悩みは、自分を省みる機会となったり、いろいろなことを調べる力も備わり、成長のステップに不可欠ともいえるでしょう。大学は、悩む学生を歓迎しているともいえます。人生は大なり小なり、頭を悩ますことの連続といえますが、高等教育においても悩むことに意味を見出しているからこそ、大学は相談窓口を設けています。特に、学生がこれまで家族や小中高のコミュニティの中では経験しなかった／できなかったことにぶつかったときに、さまざまな大学教職員が力になってくれるでしょう。

２．大学のカウンセラーとの協働の学生支援　大学で「心の支援」を受ける意味

悩みには、少し人に相談すれば解決するものと、そうでないものがあります。そ

れでは、教職員が学生から正解のない「困ったこと」を質問された場合は、どうすればよいでしょうか。「自分で考えて」と対応したくなる場合もあるでしょうが、こんなときに「一緒に考えてくれるところがありますよ」とカウンセリングを専門とする部署や、CSWr（キャンパスソーシャルワーカー）と呼ばれる学内の専門職に繋ぐことをお願いしたいと思います。

　学生の中には、誰かに相談することを「恥ずかしい」と認識する人も多いです。現代は、SNSやインターネットでさまざまなライフハックが溢れています。こんなにも情報が多いなかで、自分の困りごとの答えは探しても探しても見つからない。学生たちは、途方にくれたり、自分が悪いのだとネガティブな思いに包まれたりしています。インターネットの情報は、基本的には多くの人に向けて発信されたもので、科学的には正しくない情報も多く、自分にぴったり合った情報に出会えることは稀です。ですから、自分と同じ立場で、ともに、「あぁでもない、こうでもない」と相談者に寄り添ってじっくり考えてくれる学内のサポーターを知ってもらいたいと思います。その時に頼りになるのが、カウンセラーです。

　さて、カウンセラーは何をしている仕事？と問われると、悩んでいる人の話を聴いてくれる人、と答える人が多いでしょう。これはその通りで、昨今、「カウンセリング」という言葉は定着してきました。カウンセラーがいる大学も増えてきました。多くの大学では、保健室や相談室という部署にカウンセラーが配置されていることが多く、近年では公認心理師という国家資格もできました。学生数が多い大学になればなるほど、常勤のカウンセラーが雇われていたり、学部独自でカウンセラーがいる相談室を設けていたりするところも目立ちます。学生数が中・小規模の大学では、常勤のカウンセラー配置は進んでおらず、週に何日かだけカウンセラーがいる、という形態もあります。保健室はありますので、看護師さんや養護の先生も心のケアにあたってくれます。では、カウンセラーが学生の皆さんから聴いている「悩み」はどのようなことでしょうか。例えば、以下のようなものがあります。

　勉強が難しい、研究テーマに悩みがある、就職活動がうまくいかない、大学を辞めたい／休みたい、友だちができない／少ない、先生との関係で悩んでいる

　他にも、アルバイト先のことや、家族や恋人との関係の悩みも持ち寄られます。中には、カウンセラーが関係者と連絡を取るなど調整が必要になることもあります。他にも、自分の性格のことや、セクシュアリティのこと、身体疾患や各種障がいについての悩みを聴くこともあります。

（1）誰かに話すことの大切さ

　学生の皆さんの中には、大学内のカウンセラーには相談したくないという人もいることでしょう。話さないことも各人の自由であり、筆者は、最終的には、深刻化する前に「誰か」に悩みを話せればよいと思います。究極的には、独りで抱え込み、最悪の事態（自殺）を避けられればよいと考えます。ただし、筆者も大学の中のCSWrであり、カウンセラーでもありますから、大学に全く関係ないカウンセラーに相談することで起こってしまう学生の不利益は気がかりです（カウンセラーも玉石混淆なので、誰に相談するかは慎重に決めた方がいいでしょう）。

　さて、大学の中にいるカウンセラーに話を戻します。カウンセラーは、「心」にフォーカスするために、どのような心の状況にあるのか「傾聴」をベースとし、学生の話に真剣に耳を傾けます。傾聴は、学生の悩みを解決に結びつける従来からのカウンセリング技法です。話を聴いてもらう、つまり自分の気持ちを言葉にする、声に出して話してみることで、気持ちや思考が整理された経験は誰しも少なからずあると思います。話をよく聴いてくれる人がいる、という存在自体が、心に安寧をもたらす作用もあります。人間というのは、誰かに話を聴いてもらえるだけで、とても助かった気持ちになるものです。この「誰かに話して、いいことがあった」という経験をすることによって、新たな課題に取り組む気持ちが生まれます。

　また、カウンセラーの中には、傾聴をベースとして対話を重ねる「カウンセリング」という水準ではなく、「心理療法」（さまざまな考え方がありますが、本書では、一定の疾病水準にある、ないし近いと思われる症状を退消させるような、心理学に基づいた専門的関わりを心理療法と呼ぶことにします）を行うことができる者もいます。例えば、大学生活を順当に送れない要因と上手に付き合っていく方法を一緒

33

に考えるのがカウンセリングであれば、心理療法は、苦しんでいる症状を軽減できるように、一緒にさまざまな方法を試し、取り組んでいくのです。そして、心の力をあげていくような、心の視野を広げていくことを目指すイメージです。カウンセリングや心理療法は、心の内面をじっくりと扱っていき、一定の時間が費やされることが多いです。そう考えると、大学生という期間に、無料で専門家と話をする機会があるということは、とても良いことだと思います。また、各種心理検査を得意とするのもカウンセラーです。心理検査ですべてが分かるわけではありませんが、学生自身の自己理解の深まりが期待できたり、支援の役に立つ情報が得られたりすることがあります。大学生のうちに心理の専門家に会ってみるということは大切だと思います。大学はあくまでも通過していく場所です。いっときのサポートが、人生に大きく影響するということが頻繁に起こるわけではありません。ただ、あのときに誰かの手を借りたという微かな経験が、生きていくうえの折々で役立ちます。

（2）心の支援の土台は、生活支援

　これまで、カウンセリングや心理療法の効用を少しだけですが述べてきました。ただ、ここで考えてみて欲しいのですが、自分の心とじっくり向き合う作業は生活環境が安定した上で初めて軌道にのるものです。

　例えば、睡眠や食事が整っていなければ、まずはこれらの現実的な事項をどうしていくかを優先させることが重要です。また、安心できる居住環境がない、あるいは経済的に困難な状況があれば、生活環境を整えることが先決になっていくと思います。このように、心はとても大切ですが、「心の問題」ばかりを重視し、生活環境が整っていないことをないがしろにしての心の支援はリスクを伴います。相談室の中だけでは見えない側面を、人間はたくさん持っているからです。生活の様子を知ること、知るまではいかなくても、なるべくリアルに想像できるような生活に関する情報収集は、支援をする上では押さえておきたいと思います。相談室で過ごす時間は、ある意味で非日常な空間となります。サポートする立場であれば、相談室を出たあとの、なまなましい生活環境に対する高いアンテナを持つ必要があります。

【具体例】　当事者の立場でともに考え支援する

　大学内の相談室に、学生の母親から電話があった。キャンパス近くで独り暮らしをしている息子がいるが、電話をしても繋がらず、LINEを送っても既読がつかず心配だという。母親は、息子が所属する研究室の教授の名前だけは知っているが、保護者が教授に突然直接連絡してもよいものなのか、また教授への勝手な連絡を息子が嫌がるかもしれないと逡巡し、相談室のホームページの「どのようなことでもご相談下さい」の文言を頼りに、相談室に電話をかけたという。母親は、息子の氏名を明かさず匿名で相談したいという。

　CSWrは、母親の心情に理解を示しながら細かな状況を尋ねた。息子は学部4年生で、半年ほど前から連絡が取りにくくなっている。小さな頃からおとなしく、自分の思ったことや考えていることを口に出さずに、コツコツと努力するタイプである。性格は穏やかで、少ないが友達もおり、成績はいつも上位であった。小・中・高と不登校になることはなかったが、主張することは苦手で、目立たずに教室の隅にいるような子どもであったという。直近で帰省した際に塞ぎ込んでいる様子だったので、励ましたが、本人は「放っておいて」と投げやりに言った。

　大学入学後は、帰省のたびに言葉少なくではあったが、授業やアルバイトのことを話してくれた。しかし、4年生になってからは連絡が途絶えがちになった。母親は、米やレトルト食品を段ボールいっぱいに詰め、月に2回程度、送ることにした。すると、息子から「届きました。」とLINEがくる。ここ半年は、このやりとりが唯一のコミュニケーションになっていた。しかし先週送った荷物については、息子から何の反応もない。宅配業者の配達完了確認システムで、息子が一昨日荷物を受け取ったのは分かった。「荷物、届いた？」とLINEを送ったが、しばらく未読であった。しかし、つい先ほど「今までありがとう。もうすべてに疲れました。」というメッセージが来た。何事かと驚いて電話をかけても、電話に出てくれない。

居てもたってもいられず、相談室に電話した。

　CSWrは、ここまでの顛末をじっくりと聴いた。母親の暮らす県から大学までは300キロ以上離れており、すぐにはアパートを訪ねることができないという。警察に電話したが、今の状況ではすぐ動けないと言われてしまった。CSWrは、母親に改めて学生の氏名を問うと、しばらくの沈黙のあと、「大学にこんなことを相談していいか迷いましたが……心配している私と同じ気持ちになって聞いていただけるんですね……。」と息子の名前を告げた。CSWrは母親に、息子さんの最近の動向を指導教員などに確認し、連絡が不通であれば訪問する旨を伝えた。CSWrは相談履歴や修学状況を確認しつつ、本人に連絡し相談室長の了解を得てアパートを尋ねる準備を整えた。指導教員はここ一週間ほど学生の姿を見ていないが、いつも大人しく成績は優秀なので、一時的な行き詰まりだろうと特に心配はしていなかったと話す。

　CSWrは相談室スタッフと学生のアパートを訪ねた。インターホンを鳴らしても出なかったが、しばらく待つとよろよろとドアを開けてくれた。玄関先で立ち話をしていたが、部屋の中をちらちら気にしている様子だったので、視線の先を辿ると、テーブルの上に市販薬が集められていた。CSWrが今から何をしようとしていたか尋ねると、「300錠ほどの薬と一緒にアルコールを摂取し死ねればと思っていたところだった」という。そして、「誰にも迷惑をかけたくないのに」と嗚咽した。

　CSWrは本人の保護のため、ともに相談室に移動し母親の到着を待った。その後、本人と母親は医療機関の診断を受け、休学に至った。休学中、学生は実家で療養し、CSWrは本人の希望やペースを大切にしながら経済的サポートの情報も提供しつつ、本人と定期的なやり取りを重ねた。すると、学生は、自分の家はずっとひとり親家庭であり、留年したり、内定が得られないと経済的に母親に迷惑をかけてしまうことになると深く悩んでいたことを話すようになった。学生は少しずつ回復し、復学に至った。

　上記事例を振り返りましょう。CSWrは、事態の緊急性や訪問の必要性を判断し、柔軟、迅速な支援を行いました。本事例の場合、訪問が遅れていたら、学生の命がどうなっていたか分かりません。CSWrは瞬発性を持ち、本人の自立を促すような働きかけを行う支援職です。

　CSWrの知名度は低く、多くの大学ではCSWrの配置が検討される段階にまでも至っていないでしょう。筆者はCSWrが多くの大学に配置されることを願いますが、すぐには叶わない場合もありましょう。それではCSWrが学内にいないとき、上記事例のような事態にはどのように動くのがよいでしょうか。おそらく、現状、ほとんどの大学では、学科の事務職員や指導教員など、その時に動ける人が行っているでしょう。それはそれで、緊急介入として機能しており、よいと思います。しかしながら、緊急事態を脱した後の本人との関わりが課題です。カウンセラーがいる大学は、メンタルヘルスが気になる学生はとにかくカウンセラーにつなぐ、という選択肢がありましょう。

（３）ソーシャルワーカーとカウンセラーのタッグで、よりよい支援に

　一人の学生を多職種の関係者が異なる視点でサポートすることは、メリットのみで、デメリットはないと筆者は考えます。CSWrは、事態の緊急性や訪問の必要性を判断し、柔軟、迅速な支援を行いました。本事例の場合、訪問が遅れていたら、学生の命がどうなっていたか分かりません。学生が誰にも頼らず命を絶とうとしていた事態を脱し、医療機関とカウンセリングにつなげるケースマネジメントを行いました。実は、この「つなぐ」ということは、難しいことです。ただ単に情報提供をしたり、「カウンセラーに相談して下さい」と言うだけが「つなぐ」ではありません。学生の気持ちを汲みながら、カウンセリングの必要性を伝えながら、自分自身で考え結論を出せるようにサポートすることが肝要です。

　また、カウンセリングが何らかの理由で続かなかったときにも、孤立しないように見守り、選択肢の幅を広げる支援が必要です。こうしたことを含んだ「つなぐ」を専門的な技術として持っているのがソーシャルワーカーの特徴です。

　一般的にソーシャルワーカーは、生活支援を行う職種であり、病院の相談室や福祉施設で働き、各種相談、連絡調整に携わっています。本書では大学での実践を紹介しますが、教育分野においては小・中学校へのスクールソーシャルワーカーの配置が先行しています。例えば、児童虐待や貧困家庭への支援などは、スクールカウンセラーと協働し、教員とともにチームの一員として関わっています。また生徒の権利擁護や代弁（アドボカシ―活動）なども行っています。いずれの職場で働くソーシャルワーカーも、関わった人の生活状況を理解しながら、課題はその人の中ではなく、環境との接点であると捉えつつ、自己決定を重視します。このような、生活のしづらさの解消を支援するのがソーシャルワーカーです。大学生という期間内に日々の生活や自分の生き方について、成績評価などの利害がない立場で断続的に関われる存在です。

　日本の大学生は、個人差はありますが年齢的には主体性が整っているとみなされます。しかし、経済的な自立が難しいという立場にあります。国や大学から、困窮学生への経済的支援がなされてはいるものの、未だその多くが、申請型・貸与型で課題が山積しています。こうした現代の日本社会のひずみが高等教育というシステムの中に組み込まれ、一部の大学生は、奨学金を返すことを背負って社会に出ていくことになります。学生が希望をもって過ごすこと自体が難しい世の中になっています。

　また、昨今は聴いてくれるだけではなく、こうして欲しい、などという要望を持つ学生が相談に訪れることがあります。この時に、筆者が危惧（きぐ）するのは、対応したカウンセラーによって、この要望が学生個人の「心の問題」に帰結（きけつ）されてしまうことです。先に述べたように、基本的にカウンセリングは、部屋の中で心の内面を扱う試みです。カウンセラーとの対話を重ねることによって、自分で状況を打破する方法を考えることもできるようになることが期待できますが、大学はいつまでも居られる場所ではなく、学生はやがて社会に居場所を移さなければいけません。

　そのときに、社会とのつなぎ役としてソーシャルワーカーが有用です。理由の一つには、カウンセラーでも学生と社会をつないでくれるような動きをしてくれる場合もありますが、面接室内で「抱える」という取り組みがメインであるカウンセラ

ーが、つなぎ役までもしてしまうと、学生によっては、急がされているような、見放されてしまうような感覚を覚えることも懸念されるからです。そこで、つなぎ役としてのソーシャルワーカーがいると、学生は、面接室の中でじっくりと話をできるカウンセラーと、面接室を出て、社会との接点を相談できるソーシャルワーカーという２つの明確なサポートを得ることができるのです。もちろんソーシャルワーカーも面接技術を持つ専門家なので、カウンセリングを行っています。ただ、重視・注力する部分が異なり、学生にとってより多くの支えになります。

３．大学生と親（保護者・父母等）

　学生にとっては、自由であるとともに、ある意味で「自己責任」が課せられるのが大学のシステムであることは述べてきました。また、同時に各大学が学生のサポートを整えている現状も概観してきました。大学生の子どもがいる多くの父母等は、自分の子どもに大学生活を楽しんで欲しいと思っていることは間違いありません。大学で勉強して欲しい、社会に出る前にいろいろな経験をして欲しいと願っていると思います。その際に、大学はどのような場であるべきか。それは大学運営に携わる者だけでなく、学生自身もともに考えていくことだと思います。さらに、大学は地域住民の意見も参照すべきでしょう。父母等は、自身が「大学生だった」経験があれば、自身のその頃を照合し、勉学や研究に勤しんだこと、友人と酒を酌み交わし語ったこと、アルバイトに打ち込んだことなどの思い出から、その時々にいろいろな人が助けてくれたことを思い出すかもしれません。そして、自分の子どもも多くの人に助けられ、あるいは、時に助ける側になりながら大学生活を営んでいくことを願うことが多いと思います。しかし、大学組織はときに大きすぎ、遠すぎるようにも感じる存在かもしれません。父母等の会などが開催されますが、わが子が在学していることを思えば、何か意見をいうとクレームに思われはしないか、このような不安を感じ、おかしいと思うことを言えずにいる父母等も多くいると思います。

　例えば、いわゆるコミュニケーションが苦手な子どもの父母等について考えてみます。大学入学以前までは、いわゆる「担任」の先生が一元的に子どもの学校生活を把握してくれていましたが、大学はそれと大きく異なります。現代の大学には「手

厚い」サポートが期待され、担任制を採っているところもあります。しかし、高校までのような担任役割を期待すると、その期待は外れましょう。大学の規模が小さければ、ある程度の凝 集 性があり教員と学生の距離は近くなります。すると父母等にとって心配なことがあれば、まずは担任に相談する／問い合わせる、子どもの状況について教えてもらうことが可能です。コミュニケーションが苦手でなくても、何か突発的なことが起きてしまったときの連絡も、父母等にとっては責任の所在が分かりにくく、一定程度の大きさの大学になればなるほど、大学生活における自立が求められる構造があります。

　つまり父母等が大学教員を頼りにするということが通用しにくいのです。さらに言えば大学教員は、その学問分野のエキスパートであるだけで、教育とはどのようなものかを習ってきていないことがほとんどです（これによりハラスメントなどの問題が生じている側面があります）。そのことから父母等は、大学の「先生」の役割に戸惑う事態に陥ります。

（1）大学のシステムを見直す

　先に述べた通り、昨今は大学でも学生の手厚い支援を行っているところが多くあります。しかし、学内の相談窓口の「乱立」も否めません。特に国公立大学では、そもそも事務の縦割り体制が根強く残っており、いわゆる「お役所仕事」風の学生対応がなされているとの声も少なくありません。残念ながら、学生の立場に立った大学運営よりも、効率的な作業の流れ、人件費の削減ありきで組織設計が進んでいる傾向が見受けられるのです。

（2）キャンパスソーシャルワーカーの仕事

　先に述べた事例から学生が他者、外界と接点を持っていくことの大切さがわかってきたと思います。それを、個々のニーズに合わせて調整していくのがCSWr です。CSWr の配置状況や業務の詳細等については、第3章で詳しく述べます。CSWr の配置は全国的にみてもまだまだ少なく、約800校ある高等教育機関のうち、62校しか配置がありません。先に述べたとおり大学にいる対人援助職としては、カウンセ

リング業務を行う心理職しか配置していない大学が多いのが現状です。しかし、か
つて小・中学校にスクールソーシャルワーカー（SSW）はおらずスクールカウンセ
ラー（SC）だけだったように、今後大学においてもCSWrの配置増加が見込まれま
す。

　また、大学関係者の中には「うちの大学は、問題を起こさず、優秀な成績を修め、
大きな企業に就職できる学生しか入学して欲しくない」と思う方もおり、そのよう
な方には本書は必要ないかもしれません。しかし、退学の選択をする学生、罪を犯
してしまう学生、キャンパスにはさまざまな学生がおり、優秀な学生以外をキャン
パスから排除すれば、大学の責任は軽く済むかもしれません。しかし、社会から人
間を排除することは許されません。大学も社会の一部であり、責務は教育研究だけ
ではありません。キャンパスは、立地している地域の人々と暮らしが反映され創ら
れます。地場の産学連携など地域と大学のさまざまな協働も目立ちます。一人暮ら
しを始めた大学生に、インターネットに載っていない情報（地場の情報）を与えて
くれるのは、いつも人間です。学生が地域と繋がる喜びもあれば、その地域で生き
る大変さもあります。さまざまな地域でCSWrも生活を営みながら相談支援をして
います。

第3章 大学における配置の実態と
キャンパスソーシャルワーカー組織化のプロセス

1. キャンパスソーシャルワーカーの配置について

　CSWr（キャンパスソーシャルワーカー）の配置はどの程度進んでいるのでしょうか。実は、CSWrの配置に関する公的な統計はありません。参考になるものとして、日本学生支援機構が2年おきに行っている「大学等における学生支援の取組状況に関する調査」があります。ここでは、学生支援に従事する専門的スタッフの配置状況が調査されています。2019（令和元）年調査では、「一定の専門的知識や技能を以って学生支援に従事する専門的スタッフの配置については、「配置している」と回答した割合は高等専門学校全体で47.4％となっており、大学全体が45.0％、短期大学全体が31.1％となっている。高等専門学校全体では、前回調査から12.3ポイント増加している」とされています。「配置している」と回答した学校に対して支援領域を尋ねた設問では、各種の学校ともに「障害のある学生への支援に関するもの」の割合が最も高く、次いで、大学全体では「修学支援に関するもの」、短期大学全体、高等専門学校全体では「生活支援に関するもの」が高くなっているという結果でした。この調査では、学生相談に従事する専門職として医師やカウンセラー（公認心理師、臨床心理士、大学カウンセラーのいずれかの資格をもつもの）の配置状況は尋ねていますが、ソーシャルワーカーについては確認されていません。

　日本学生支援機構は、障害学生支援についても同様の全国調査を行っています。しかし「障害のある学生の修学支援に関する実態調査結果報告書」をみても、障害学生支援担当者の職種としてあげられているのは「コーディネーター、カウンセラー、医師、支援技術を持つ職員、職員、教員、その他」となっており、残念ながらソーシャルワーカーの配置状況は分かりません。

　筆者らは、科学研究費補助金を申請し、キャンパスソーシャルワークネットワークの協力を得ながら、全国の大学にCSWrがどのくらい配置されているのかについての調査を、2010（平成22）年および2014（平成26）年に行いました。本章では少し古い調査ではありますが、2010年調査と2014年調査の結果の概要をご紹介し、CSWrの配置の動向について説明します。その上で、CSWrがうまく機能するためには、配置後どのような組織化のプロセスを考えていく必要があるのかについても、分析結果を示します。

２．2010（平成22）年度調査の概要

　2010（平成22）年度は、学生支援業務に従事しているソーシャルワーク専門職（社会福祉士、精神保健福祉士）が、どのくらいいるのかを明らかにすることを目的として、アンケート調査を行いました。文部科学省のウェブサイトには「大学一覧」というページがあります。そこから大学の住所を確認し、複数のキャンパスがある場合には各大学のウェブサイトから大学本部が置かれているキャンパスを調べて、アンケートの送り先としました。大学数の合計は730大学で、うち430大学から回答していただきました（回収率58.9％）。

　なお調査の際の倫理的配慮として、大学の支援体制に関する調査であり、相談に来た学生等の個人情報は尋ねないことや，結果は集計値として公表すること，回収データは秘密を保持する形で管理することを文書で事前に伝えて同意いただいており、国立精神・神経医療研究センターの研究安全倫理委員会の承認を得ています。

　それでは、項目に従って結果の概要を紹介します。

３．ソーシャルワーカーの配置に関する結果と考察

　ソーシャルワーク専門職である社会福祉士や精神保健福祉士を学生支援に配置している大学は32校（7.4％）でした。32校の内訳は、国立大学6校、公立大学2校、私立大学24校でした。福祉・心理・教育系の学部がない大学では、218校中8校（3.7％）の配置にとどまっていましたが、福祉・心理・教育系の学部がある大学では、206校中23校（11.2％）の配置となっており、高い割合でした。

　配置していない398校に対し、配置しない理由を尋ねた結果、「予算が足りない」が136校（31.6%）、「必要性を感じていない」が115校（26.7%）と多くなっており、限られた予算の中で、CSWrを活用する必要性はあまり感じられていなかったことがわかります。この設問には自由回答欄があり、192校から回答がありました。そこに92校（47.9%）が「臨床心理士が対応している」と答えていました。またその他精神科医や看護職、事務職員等他部門で対応しているという回答も62校（32.3%）から寄せられ、ほとんどが既存のシステムで対応できている、という回答でした。また少数ながら、ソーシャルワーカーの必要性は理解するが十分な学生支援の組織体制が整っていない、あるいは認知度が低いことから導入には至っていない、というような意見が合わせて18校（9.4%）から寄せられました。

　配置している32校のうち、16校（50.0%）で「学生支援センター」ないしは「学生部」等にCSWrが配置されていました。つまり、学生支援に関する中核的な部門に配置されていることがわかります。そのほかには、「学生相談室」や「保健センター」が多く、「障がい学生支援室」等に配置されていることもありました。学生相談室や保健センターでは、特に学生の課題についてメンタルヘルスからアプローチすることが多くなっていましたし、「障がい学生支援室」では、障害学生の修学支援に関わる対応を引き受けていました。

　職名も多様で「ソーシャルワーカー」として含まれているものは5名（15.6%）にとどまり、「カウンセラー」「相談員」「インテーカー」「支援員」「事務職員」、と多様な職名で勤務されていました。これらの職名の多様さも、CSWrの業務の曖昧さを反映していると考えられました。

　主な業務について尋ねたところ、精神障害や発達障害のある学生や家族に対する「個別的支援」が最も多く上げられました。次いで、欠席や留年といった修学上の課題がみられる学生へのアウトリーチや、教職員へのコンサルテーション、組織連携のためのコーディネート業務も14校（43%）に達しました。その他として「就職活動の相談」「学内相談部門の連携のため」「ボランティアコーディネート」もそれぞれ1校ずつですが挙げられていました。

　配置した32校に対して、配置した効果はありますか、と自由回答を求めたところ、

27校（84.4％）から回答がありました。代表的な意見を例示します。

- ・ソーシャルワーク的視点と、それを進めるための具体的方法および支援の検討（即応性）ができるようになったことにより、これまで大学・家庭内に留まりがちであった個々の学生への対応が、学外の専門機関等にまで広がりを見せ、連携の充実が図られている
- ・ピアサポート活動の充実・カンファレンスの実施（日常的、定期的）・ハラスメント対応の整備・メインキャンパス以外の相談体制強化・発達障がいをもつ学生への支援の充実（親の会の実施など）・センター報の発行等がなされ…（中略）…個別の学生に対してのフォローアップがより緊密になってきている

　他にも、欠席が多い学生へのアウトリーチや、医療との連携が必要なケースで学内外との連携を図って支援につながるケースが増えたこと、学生にとっての敷居が低いこと、学内でのチーム対応が促進されていること等が報告されました。それぞれの配置状況に合わせてソーシャルワークの多様な支援技術を展開することで、所属大学コミュニティのニーズを満たすことができると、効果を実感されているようでした。

　最後に、CSWrを配置している32校に対して、実際に直面している課題を自由回答で聞きました。22校（68.8％）から回答が寄せられたのですが、うち19校が学内体制上の課題を挙げていました。具体的には、非常勤の不安定な雇用で、限られた業務時間の中で継続的に業務を行うことが難しいことや、予算の確保や人材の確保の課題、学内の認知度をあげて利用率を高めること、業務量に対して勤務日数が足りず十分な支援が展開出来ない、CSWrに関する研修体制がない，といった回答がありました。また「相談室がない／離れている」といった物理的環境に関する課題が3校、学外機関との連携の負担が高いという課題も2校から挙げられました。

4．2014（平成26）年度調査の概要

　その後2013（平成25）年に「障害を理由とする差別の解消の推進に関する法律」が成立し、2016（平成28）年からの施行に向けて各大学で障がいのある学生に対す

る合理的な配慮を提供する体制を整える動きが進みました。そこで、2014（平成26）年10月～12月にも同様に全国の大学を対象とするアンケート調査を行いました。2010（平成22）年度調査と同じく、文部科学省のウェブサイトの「大学一覧」から大学名を取得し、インターネット検索で各大学のキャンパスの住所を収集しました。合わせて、事務機能のみのキャンパスや募集停止した大学、また規模が極めて小さいと考えられる大学院生や短大生のみが通っているキャンパスは対象から除外して、大学生が通学していると判断されたキャンパスを対象としました。以上の手続きを経て抽出した国立大82校（176キャンパス）、公立大学83校（124キャンパス）、私立大学587校（884キャンパス）に対して、郵送でアンケート用紙を送りました。倫理的な配慮は前回同様に行いました。回収率を高めるためはがきで1回督促を行いました。

　国立大学87キャンパス（48.9%）、公立大学86キャンパス（69.1%）、私立大学369キャンパス（41.9%）からアンケートを返送いただきました。複数のキャンパスから回答を得た大学については回答を統合しましたので、大学単位では752大学中436大学（58.0%）の回答を得たことになります（内訳：国立大学 59/82（72.0%）、公立大学 62/83（74.7%）、私立大学 315/587（53.7%））。

　CSWrは、回答を得た436大学のうち59大学（13.5%）に配置されていました。2010年度調査の32校から4年で大きく増えたことが分かります。設置母体別にみると国立大学12/59（20.3%），公立大学7/62（11.3%），私立大学40/315（12.7%）となっており、国立大学の配置率が引き続き高い傾向がみられました。

　2010（平成22）年度調査では心理・福祉・教育学系のある学部は、そうでない大学と比べて配置率が高くなっていましたので、設置している学部に拠る違いを見てみました（図3―1）。

　アンケートに回答してくれた大学で、心理・福祉・教育学系の学部のある224大学では42大学（18.8%）に配置されていたのに対し、ない212大学では17大学（8.0%）の配置にとどまりました。また理工系の学部のある133大学では25大学（18.8%）に配置されていたのに対し、ない303大学では11.2%にとどまりました。心理・

図 3 － 1 ：設置学部で比較した配置率

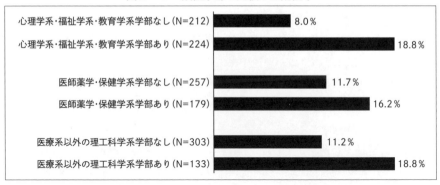

図 3 － 2 ：CSWr の配置目的（2010年調査との比較）

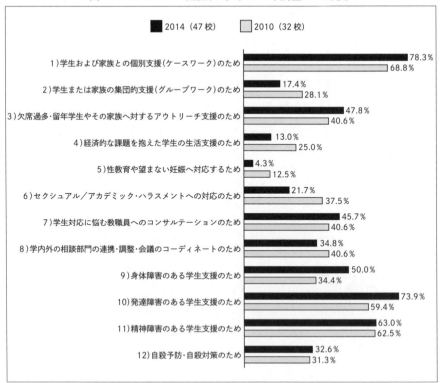

福祉・教育学系のある大学はそうでない大学と比べて、また理工系の学部のある大学はそうでない大学と比べて配置率が高くなっていました。なお、CSWrに尋ねた週当たりの平均勤務日数は平均3.8日（標準偏差1.6日）、1日当たりの平均勤務時間は7.1時間（標準偏差2.3時間）でした。

　業務内容について尋ねた設問では、配置している大学のうち47校から回答がありました。結果を2010（平成22）年度調査と比較しやすい図にまとめたものを示します（図3－2）。

　「学生および家族との個別支援のため」「身体障害のある学生支援のため」「発達障害のある学生支援のため」の回答が2010（平成22）年度調査より増加していましたが、「学生または家族の集団的支援のため」「経済的な課題を抱えた学生の生活支援のため」「セクシャル／アカデミック・ハラスメントへの対応のため」は減っていました。なお配置部署名についても全体的には大きな変動はありませんでしたが、「保健センター／健康支援センター」が減り、「障害学生支援」を含む名称の部署が増えていました。障害学生への合理的な配慮の提供のコーディネートのためにソーシャルワーカーが期待されるようになった一方で、ソーシャルワーカーが本来得意とする、幅広い観点で生活環境を軸にした見立てを行い関わることが有効な課題領域では、あまり進展がなかったのかもしれません。

　なお、配置していない理由に関する疑問に回答のあった479キャンパスのうち、473キャンパスに対してその理由を尋ねたところ、「必要性を感じていないから」は144ヵ所（26.7%）、「業務や専門性がよく分からないから」は67ヵ所（12.4%）、「（これらの）資格について聞いたことがないから」は14ヵ所（2.6%）、と2010（平成22）年調査とほぼ同じ割合だったのですが、「ソーシャルワークの専門職を配置するには予算が足りないから」は212ヵ所（34.3%）であり、前回調査の136校（34.3%）より10ポイント上昇していました。ソーシャルワーカーについて、若干ではありますが理解が広まりつつあるのかもしれません。

　2010（平成22）年度と2014（平成26）年度の調査から、CSWrの配置理由は、個

別相談を中心としつつも、障がい学生の修学支援から自殺予防、ハラスメント対策、性教育まで多岐にわたっていることが見えてきました。大学の規模や設置学部や地域性、学生の特徴等によって大学コミュニティの特性と必要な支援ニーズが大きく異なることや、大学を取り巻く社会情勢の変化によっても大きな影響を受けること、それゆえにCSWrに寄せられる期待も多様化しやすいと考えられます。そのような状況の中では，CSWrは個別支援に適切に対応するだけではなく、学生のニーズを的確に把握しつつ、本人・家族・学内外の既存の資源を適切に活用して状況に対応していくコーディネート能力が高く評価されると考えられました（早川・森（2011）[1]、平塚ら（2011）[2]、大分大学（2010）[3]、北野ら（2012）[4]）。

　一方で、学生支援部門では一定の配置の効果を認められつつも、予算面での制約などから任期付きの不安定雇用や限られた勤務時間の中で、専門性を発揮しなければならないというプレッシャーのかかる勤務環境にあることが示唆されました。このような状況の中で，CSWrとして大学組織の中でその役割をどのように確立していくと良いのか、明らかにしようと考えました。

5. キャンパスソーシャルワーカーの組織化のプロセスに関する調査

　そこで、さらにCSWrとその配置を推進した教職員を対象にインタビュー調査を行っていくことにしました。特に、CSWrが直面する業務上の課題と対応策について、組織化のプロセスごとに検討することにしました。組織化のプロセスは、CSWrを導入した直後の時期（導入期）、ある程度大学組織にCSWrが定着してきた時期（定着期）、業務が広がる中でCSWrの雇用の安定性や勤務体制の強化等を図る時期（活動展開期）に分けてみました。なお調査の実施に際しては、独立行政法人国立精神・神経医療研究センターおよび首都大学東京研究安全倫理委員会による承認を得ています。

　調査は2012（平成24）年度から2013（平成25）年度にかけて行い、全国の13大学から協力していただきました。インタビューは対面で行い、一部はメールで補いました。インタビュー内容を逐語記録に変え、業務上の課題と対応に関するものを付箋に抜き書きして、時期ごとに内容を整理していきました。整理した内容を研究

協力者に見ていただき、必要な修正を加えて、分析を取りまとめました。

（1）回答者の勤務環境と業務の内容

　組織化のプロセスに関する分析結果に先立ち、調査に協力いただいた13校の勤務環境と業務内容を提示しておきます。

　CSWrを全学的な規模で配置している大学はほとんどなく、学生人数の多いメインキャンパスや、特別なニーズが多くみられる一部の学部内に配置していました。ソーシャルワーカーを配置している大学は、①国立大学であるか（8校）、②小規模な大学であるか（2校）、③学生支援のニーズが特定のキャンパスあるいは特定の学部できわめて高い状況にあったか（4校）のいずれかの特徴を満たしていました。国立大学では学生支援の先駆的な取り組みを独自に行っているところが多く、ある国立大学ではひきこもり大学生への支援にソーシャルワーカーが活用されたことをきっかけに、追随する動きがみられていました。またひきこもり学生が多い、中退学生が多いといった特定のニーズが把握された学部や小規模な大学で、そのニーズに対応するためにソーシャルワーカーの配置を検討していました。規模の大きい大学の場合は、文部科学省や日本学生支援機構の特別なプロジェクト予算を取得するなどして配置が始まっていましたが、小規模な大学や特定の学部内の取り組みの場合には、科研費の間接経費等を活用した学習環境の整備の一環として柔軟な配置を試みた事例も見られました。大学の経常的な予算からではなく、臨時的な予算で配置が始まっていることから、9校では時間給の非常勤雇用で週当たりの上限勤務時間がありましたし、常勤でも任期の定めがある大学が3校ありました。

　ソーシャルワーカー配置のきっかけは主に二つの理由に分けられました。一つ目の理由は、もともと保健センターや学生相談室等で、学習や生活面での支援を要する学生への支援の必要性が強く訴えられていたというもので12校ありました。具体的に、自殺率の高さや欠席や休学・退学、障がいに伴う修学上の困難といった課題に直面して、個々の支援員の力量を測るというより、大学組織としての対応が必要と考えて検討を進める中でソーシャルワーカーの活用に至ったと語る大学もありました。二つ目の理由は、学生支援を拡充しようと考えて国が推奨している「学生な

んでも相談」を設置することになり、インテーク、ワンストップ機能の充実を図ったのが5校でした。学生のニーズの掘り起こしをしつつ、多様なニーズに対して的確に対応できるようにソーシャルワーカーの専門性が期待されたということです。

CSWrの業務内容を図にまとめました（図3－3）。

図3－3：キャンパスソーシャルワーカーの業務内容

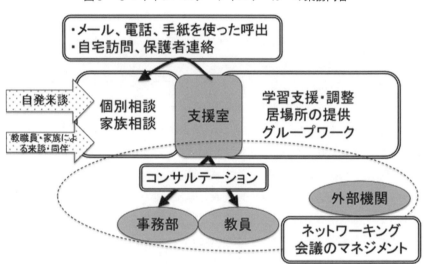

ここでは学生の課題別の分類ではなく、実際の支援業務の展開内容に焦点を当てた整理です。CSWrの支援は主に学生による自発来談や教職員や家族による紹介から始まります。学生やその家族に対して相談を積み重ねていきますが、その際にはメール、電話、手紙を使って呼び出して面談を行う必要がある場合もあります。学生の自宅に訪問したり、家族と連絡を取り合ったりしながら、学生との相談関係を積み重ねていきます。個別的な支援以外にも、キャンパスの中での学習支援の時間や場所を提供し、教えてくれるピア・メンターの調整を担うこともあります。また大学内で過ごしやすい「居場所」の機能を提供することもあり、構造化されたグループワークプログラムを実施している大学もありました。これらの学生に対する直

接的な支援以外にも、事務職員や教員に対するコンサルテーションや、外部機関への紹介・同行や継続的な連携が挙げられました。これらを円滑に行うためにしばしば会議が必要となっており、日程調整や当日の議事進行、記録の管理といったマネジメントの業務も担当していました。

　すべての大学でこれらのCSWrの業務がすべて行われているわけではありません。大学コミュニティの特性やソーシャルワーカーの配置場所に合わせて実施される内容の比重は大きく異なっていました。例えば、障がい学生修学支援を担当する部署であれば、個別相談と教職員へのコンサルテーションが中心となり、付随する事務業務も多い反面、居場所機能やグループワークプログラムの提供などは担っていないことも多くみられました。またその職場の人員体制や臨床心理士との役割分担によって、個別支援を臨床心理士が担当し、集団活動の運営をソーシャルワーカーが担うこともありました。
　このように多様な状況で多様な業務を行っているCSWrですが、その組織化のプロセスをソーシャルワーカーの配置時期からの経過年数に合わせて検討していくと、いくつかの共通点が見えてきました。そこで、次の項からは、時期を三つに区分して、順にCSWrが直面する課題とその取り組みについて分析結果を示します。なお時期については、「ソーシャルワーカーの配置開始直後からその存在が学内に定着して行くまでの時期（導入から1年程度）」を「導入期」、「ソーシャルワーカーの活動に一定の理解が得られてその活動が定着した時期（導入後2、3年目）」を「定着期」、「ソーシャルワーカーの役割に期待がもたれ、導入当初の主要業務から発展して多角的な活動展開がみられる時期（導入後4、5年目）」を「活動展開期」と位置づけました。

（2）組織化のプロセス①導入期の課題と取り組み
　導入期は、広報と組織整備が課題となっていました。まず学生にも教職員にもほとんど知られていないため、自発来談は少ない状況でした。また連携のための情報共有を行う方法や権限が体系化されておらず、CSWr専用の支援スペースすらない

こともありました。このような課題に対する取り組み方の一つは、所属長による広報でした。保健センター長や学生支援室長が学生支援の委員会やガイダンス等でCSWrの役割を紹介し、活動報告を行うことで徐々に認知を広げていました。もう一つの取り組み方が、CSWr自身による広報と組織整備でした。配属されたばかりのCSWrは、職員等からの紹介を受けて支援を展開する際には、支援経過を通じて関連部署と丁寧に連絡を取り合い、ソーシャルワーカーの役割を伝え、外部機関との会議を調整したり、業務実績件数を報告したりすることで、ソーシャルワーカーの役割について理解を得られるように工夫をしていました。つまり個別の地道なソーシャルワーク実践を行い、それを言語化していくことそのものが、広報的な価値をもっていたといえます。同時にウェブサイトやリーフレットの作成・配布を行っていました。さらに実践を通じて、専用の相談スペースや専用メールアドレス、連携のための会議の効果を明示して、その必要性を訴え続けました。

　こうした訴えを受け、ソーシャルワーカーの勤務環境の改善が徐々に進み、ソーシャルワーカーの業務要綱が整備されたり、学生支援のための会議を招集しやすい体制が整ったりしていきました。

　総じて、CSWrの周知を進めることが何より重要な時期と言えます。学生向けには、新入生オリエンテーション時に紹介の時間をもらったり、掲示板や学生向けハンドブック等に掲載してもらったり、出前授業を行ったり、学内広報誌などを活用したりできるでしょう。教職員に対しては、関係する学部の教授会を回ってあいさつしたり、教職員向けのチラシを配布したりするほか、学生部や教務部等では直接顔を合わせて個別の学生への支援についての情報共有を行うことで，役割や働き方について理解を広げていただくことができるでしょう。とにかくソーシャルワーカーの顔と活動イメージを知ってもらうことが必要な時期といえます。

（3）組織化のプロセス②定着期の課題と取り組み

　定着期には、「生活上の相談」はCSWrにしたらよい、という認識が広がり、多様な相談が舞い込むようになっていました。大学の状況によっては個別支援だけではなく、居場所づくり支援を展開していました。学内への広報の機会も広がり、授業

の一部や大学教職員としての教育能力を開発するファカルティ・ディベロップメント研修の一部を担当する大学もありました。多くのCSWrはこの時期の業務量の多さに圧倒されるような体験をしていました。新規相談ケースへの対応に追われ、継続ケースへの支援の引き継ぎが十分にできないという話もありました。

　この時期には、以前より会議の重要性が増していました。つまり、CSWr自身の業務が手いっぱいになりがちなため、支援のどの部分を自分が担当し、どの部分を学内の他部署の職員や外部機関、あるいは教員に担ってもらえるように調整するのか、というCSWrの業務の明確化と役割分担を行う場が必要になっていたからです。限られた勤務時間数を有効に使うため、記録共有のシステム化を進めたり、勤務日時を学生の利用しやすい時間に調整したりした事例もありました。また実績報告をさまざまな形で提出して、人員の増員を訴えたり、増員ができない場合には、他職種にソーシャルワーク的支援を担ってもらえるようにコンサルテーションするなどして、組織体制を再編していました。総じてこの時期は、ミクロレベルでの支援を基軸としつつ、増大するニーズに対してメゾレベルでの調整を行うことで、柔軟に対応していく視点が求められる段階と考えられました。

　つまり、この時期には学生支援のケースワークはある程度形を整えてきているため、むしろ教職員や他部門・外部機関との連携をスムーズに行う仕組みづくりが必要になる時期と言えましょう。そのため、記録の管理システムを開発したり、申し送りやケース検討会議をフォーマルなものとして位置付けたりすることが有用です。フォーマルなものとして位置付ける方法には「連携会議」等と正式名称をつけたり、曜日や時間帯を固定して定例化したり、あるいは要綱などを策定したりといった手法があるでしょう。このような仕組みづくりに向けて、大学経営の観点から理解を得るためにも、教授会や学生支援に関する学内委員会に適宜参加し、数値化した活動実績を提示していくことが必要でしょう。実績値に基づく訴えができると、予算確保に向けて前進できるからです。

（4）組織化のプロセス③活動展開期の課題と取り組み

　活動展開期には、修学支援の内容や居場所支援の活動の広がりなど、業務のさら

なる展開が行われており、関係教職員の理解を得ることが新たな課題となっていました。またCSWrが任期付き雇用であることが多いことから、発展させてきた業務を持続可能な体制に位置付けて行くことが課題となっていました。つまり契約の更新や常勤化に向けて働きかけを行うか、新しい職員を探す場合、どのように引き継ぎを行うか、といった問題に直面していたのです。

こうした問題に取り組むためには、個別的な成果を報告するだけではなく、学部やキャンパスの特性に関する組織分析を行ったり、過去数年間にわたる実績報告を積み上げ、所属長が組織に対して働きかけを行いやすくすることで、CSWrの有用性をより明確に位置付けていました。この時期にはミクロレベルの支援だけではなく、地域における外部機関との連携や、所属大学コミュニティの特性などを踏まえて、マクロレベルの多様な視点を意識して、長期的な視野に立っての活動の持続可能性を検討していくことが重要と考えられました。

以上の結果を図にまとめました（図3―4）。

（5）まとめ

CSWrの活動は多岐にわたっていました。大学というコミュニティを拠点として、個別のニーズを抱えた学生へのミクロレベルの支援から、学生と関わる家族や関係部署、外部機関を巻き込んだメゾレベルの支援、さらに学生支援をより円滑に充実した形で行うための組織作りや地域との連携体制の構築といったマクロレベルの支援まで、業務を担っていました。こうした多様な働き方は、まさにソーシャルワークの専門性が必要となる業務であるといえるでしょう。

このような展開はCSWrの導入当初からすべて実施されているのではありませんでした。図に示したように徐々に業務上の課題がミクロからマクロへと展開していくといえるでしょう。導入当初は、不安定な雇用体制の中で試験的に導入され、十分に役割が理解されている訳でもない中で、短期的に分かりやすい配置の効果を示していかなくてはなりません。そのためには個々の学生支援を丁寧に行い、学内の各部署や関係機関との連携を取り持つことで、その働きを可視化することが重要になるでしょう。定着期に至ると、ある程度CSWrの存在や役割に理解が広まり、期

5. キャンパスソーシャルワーカーの組織化のプロセスに関する調査

図3－4：業務確立のプロセスでの課題

導入期：広報と組織整備の課題
•認知度が低く利用者が少ない •指示体系がばらついており、初期対応に混乱がある •独立した支援スペースがない •支援に条件が付されておりニーズのある学生の全てに対応ができない •インテイカー、コーディネーター等の名称であるため業務を理解されづらい

<所属長の取り組み>
•新入生ガイダンスや授業で学生に広報、教授会や委員会等で教職員に広報 •活動要項を制定 <ソーシャルワーカー自身の取り組み> •名刺に「キャンパスソーシャルワーカー」と明記 •専用メールアドレスの設置 •ウェブサイトの開設、リーフレットの配置 •関連部署に学生の紹介を依頼 •個別の学生支援に際して足しげく連携しアピールする •連携のための会議を提案していく

定着期：活動整理と多部門調整の課題
•多様な柔軟な支援の提供を期待される •業務が多様化する（個別支援、居場所提供、会議の調整、教職員コンサルテーション、授業担当、FD研修担当） •限られた勤務時間内では対応しきれない、継続ケースのフォローができない

<所属長およびソーシャルワーカーの取り組み>
•連携のための会議を重ねる •多職種がソーシャルワーク的支援が提供できるようコンサルテーションを行う •役割分担を明確化する •記録共有システムを開発する •相談件数、実績報告の出し方を工夫し人員の必要性を訴える •勤務日や時間を調整する •研究発表を行い、対外的にも有用性をアピールする

活動展開期：新たな業務展開と組織の持続可能性
•新たな学生支援の取り組み（修学支援、居場所支援）への理解が得難い •任期終了に伴う諸課題（新規人材確保、新規予算枠確保、学生支援の引き継ぎの課題）

<所属長およびソーシャルワーカーの取り組み>
•組織分析を行い、学生支援上の課題を明確化する •ソーシャルワーカー配置による実績と効果を数値や文字で示し、予算獲得を目指す •任期終了後の人材確保に協力し、引き継ぎを丁寧に行う

待される業務量が増えてきます。その時期には業務を明確化し、他の部門と連携しながら支援に当たるように、メゾレベルでの調整・コンサルテーションを重視した関わりが増えるでしょう。活動展開期には、組織としての持続可能性を見据えて、他大学の支援動向について情報収集しつつ、所属大学の特性に合わせた現実的な組織作りの在り方を提案していく、マクロレベルでの活動が増えていきます。

　これらの課題は、公教育の現場にスクールカウンセラーが導入された際の指摘と類似しています。例えば伊藤・中村（1998）[5]は中学校教師とスクールカウンセラーを対象に、学校現場へのスクールカウンセラー導入についての意識調査を行っており、教師はスクールカウンセラーに対して生徒指導上の不安を感じ、教職経験のないスクールカウンセラーは、教師集団との関係において不安を感じることを明らかにした上で、教師とカウンセラーが互いの専門性に接し、互いの現場を知ることで連携への不安や学校への構えが低減され、信頼関係が好転する可能性があると指摘しています。本調査で明らかになった導入期の課題も、お互いをよく知らないために生じる混乱であり、実践活動を通じて理解を深めあうことで関係性が構築されているといえるでしょう。

　また伊藤（1999）[6]はスクールカウンセラーを対象に調査を行い、業務の役割満足度と学校の受け入れ態勢との関連を検討しました。その結果、教職員の受け入れ態勢が整った学校では、スクールカウンセラーが行うコンサルテーションや研修等の間接的援助活動が広がる一方で、これらが整っていない段階では、子どもへの相談を中心にカウンセラーの居場所を確保している場合があると示唆しています。

　本調査でも、CSWrの導入期は、個別支援に力を入れている一方で、教職員の一定の理解を得た定着期には、メゾレベルでの支援が重要になることを明らかにしました。また相樂・石隈（2005）[7]は、一中学校における教育相談システム構築のプロセスについて、制度の変遷を経年的に分析し、専門職の導入と活用に際しては、受け入れ側の学校におけるマネジメントが重要であること、相談システムを随時検討し構築していくことで、チームとしてのコーディネーションが可能になり、包括的な支援の提供が可能になると指摘しています。

　本調査では、CSWrを受け入れる側の所属長や事務職員に対する調査は、十分には実施できていません。ですが、所属長による広報や、制度への位置づけ、引き継ぎの支援等、受け入れ側の役割の重要性は早くから示されており、特に活動展開期にあっては、大学の組織分析を踏まえて継続的な配置を訴える際に、重要なサポーターとなっていました。

　今後、新たにCSWrを配置した相談部門を立ち上げる際には、こうしたプロセス

をあらかじめ意識しておくことで、より円滑な支援体制を構築していくことができるでしょう。導入期、定着期といった時期の区分は、あくまで目安に過ぎませんが、最初はミクロレベルの支援を丁寧に行うことから取り組みつつ、徐々にマクロなレベルの働きかけまで意識していくことを忘れないことが大切でしょう。

【注】

1）早川由美、森やよい（2011）「「何でも相談窓口」型学生支援活動の在り方」『学生相談研究』32(1)、48-59

2）平塚良子、鹿嶋隆志、武宮律子、渡邉幸恵（2011）「大学における学生支援のためのソーシャルワークモデル導入の意義：キャンパスソーシャルワーカーの実践から」『大分大学大学院福祉社会科学研究科紀要』1-19

3）大分大学（2010）「不登校傾向の学生へのアウトリーチ型支援」、平成20年度文部科学省新たな社会的ニーズに対応した学生支援プログラム報告書

4）北野庸子、若林菊雄、西原留美子、岩田香織（2012）「健康科学部における修学支援の試み―学生の多様化に対応する個別的アプローチ―」『東海大学健康科学部紀要』18、43-49

5）伊藤美奈子、中村健（1998）「学校現場へのスクールカウンセラー導入についての意識調査―中学校教師とカウンセラーを対象に―」『教育心理学研究』46(2)、121-130

6）伊藤美奈子（1999）「スクールカウンセラーによる学校臨床実践評価ならびに学校要因との関連」『教育心理学研究』47(4)、521-529

7）相樂直子、石隈利紀（2005）「教育相談のシステム構築と援助サービスに関する研究―A中学校の実践を通して―」『教育心理学研究』53(4)、579-590

初出：長沼洋一・長沼葉月（2014）大学における学生支援業務に従事するキャンパスソーシャルワーカーの業務確立プロセスに関する研究.学校ソーシャルワーク研究(9)、2-14

第4章　大学の管理者から見たキャンパスソーシャルワーカーの有用性の評価に関する調査結果

　前章（第3章）では、事例に基づき、どのようにCSWrの有用性を位置付けていくことができるのか、理論的に整理してきました。

　本章では、CSWrの所属部門の管理者向けの調査に基づき、実際にCSWrのどのような活動が、管理者によるどのような有用性の評価につながっているのか、分析した結果を報告します。

1．調査の目的

　CSWrを配置している大学は徐々に増加していますが、その多くが非常勤・嘱託職員としての雇用です。雇用期限が定められていることも多いです。そのため、限られた期限までに一定の成果を挙げ、CSWrの有用性を訴え続けていかなければならないというプレッシャーにさらされています（米村2011[1]，長沼＆長沼2014[2]）。事例的にその有用性を報告する研究は散見されますが（菊池＆下田2015[3]，佐藤ら2014[4]，早川＆森2011[5]）、個々の大学の取り組みではなく、複数の大学に共通する評価枠組みを探索することは有用であると思われます。

　さてこうした活動の評価方法を検討する上で参考になるのはプログラム評価理論です。プログラム評価理論とは、社会プログラム等による介入の効果を体系的に研究するための理論です（Rossi, Lipsey & Freeman 2004=2005[6]，安田・渡辺2008[7]）。そこでは、プログラムがどのように運営され提供されたかというプログラム機能や、プログラム終了後に目的がどのように果たされたか、プログラム参加者にどのような利益を生じたかを検討するプログラム効果が評価されます。プログラム機能の評価をプロセス評価と呼び、効果の評価をアウトカム評価と呼びます（安田・渡辺

2008)[7]。効果の評価に関しては、プログラムによって生じた波及効果も含めて、総合的な変化を評価することをインパクト評価と呼ぶこともあります（Rossi, Lipsey & Freeman 2004＝2005)[6]。

　山野ら（2015)[8]は、プログラム評価理論を用いて、スクールソーシャルワーカー（以下SSWとする）の配置による効果を検証しています。そこでは、プロセス評価としてSSW活用事業における教育委員会の取り組みに関する部分（「組織計画」）と、SSW自身の取り組みに関する部分（「サービス利用計画」）とに分け、それぞれの効果的な援助実践要素が実践されているかを評価できるような仕組みを設け、教育委員会指導主事やSSWを対象とする調査から検証しています。効果に関するインパクト理論では、子どものQOL（クオリティー・オブ・ライフ。生活の質）の向上と支え合う地域ができることを最終アウトカムとし、それに至る中間アウトカムに教育環境の安心・安全の向上や家庭環境の安心・安全の向上を設定し、それらを支える下位アウトカムとして教員や子どもや学校、家庭の変化や、SSWや他の専門職の存在の影響が組み込まれています。

　同様の枠組みをCSWrの評価に適用しようと考えましたが、CSWrの業務は多岐にわたっており、配置に至った経緯や大学が期待している役割によって、CSWrの配置形態や活動内容は大きく異なっているため、インパクト理論の構築は難しいです。海外でもStudent Support Serviceの役割が多様化しており、例えば留年・退学防止のためのプログラムの効果評価の研究や（Bailey & Alfonso 2005)[9]、サービス利用状況に焦点を当てたものは見られましたが（Karp, O'Gara, & Hughes 2008)[10]、包括的な活動評価という枠組みでの研究は、管見の限りでは見出せませんでした。とはいえ、CSWrの配置に効果がないわけではありません。長沼＆長沼（2014)[2]は、全国の大学に対する質問紙調査の結果から、CSWrを配置している大学の学生支援担当者が挙げた成果に関する自由記述を分類し、「学生の利用率の増加や相談しやすさ、課題の早期発見・対応といった学生にとっての使いやすさを指摘する回答が15校、学外機関との連携、チーム対応、会議が活発化した、等とさまざまな連携強化を挙げるものが10校と多かった」としています。これらは、大学の学生支援担当者に実感された近位アウトカムであるといえるでしょう。

山野ら（2015[8]）がSSWと指導主事を対象とする調査を始めたのに倣い、CSWrとその活動を知る機会の多い大学の教職員を対象に調査を行い、結果を組み合わせることでその活動を評価できるのではないでしょうか。とはいえCSWrの導入期の課題は活動の周知に関するものであるため（長沼＆長沼2014[2]）、活動そのものを理解していない教職員による評価を求めるのは難しいです。そこで本研究では大学教職員の中でも業務活動についてCSWrから報告を受ける立場にある配属部門の「管理者」を調査対象としました。

さてCSWrがどのように業務を遂行すれば、CSWr配置の成果に管理者が気づくことができるのでしょうか。学生の利用率の増加に関しては、利用統計を取り、毎月報告していくことで、配置の前後の比較は可能になるでしょう。しかし「課題の早期発見・早期対応」や「連携が強化された」と評価されるためには、どのような活動が役立つのかについては、明らかにされていません。本調査では、特にCSWrのどのような業務活動が管理者による評価につながっているのかに注目します。CSWrの活動の評価と管理者による近位アウトカム評価を組み合わせることで、複数の大学を対象とする調査により、CSWrの活動の有用性を量的に示唆できると考えたためです。

そこで本調査では、管理者が把握している成果を高めるために、CSWrはどのような活動を行うことが望ましいのかを明らかにすることを目的として、調査を行うこととしました。そのために①CSWrの配置部署の管理者は、CSWrの配置によりどのような変化が生じたと評価しているのかを把握しました。次に②管理者が評価する変化と、CSWrの勤務体制や活動内容に関連はあるのかどうかを検討しました。最後に③管理者、CSWrは今後に向け、どのような課題を感じているのかを明らかにしました。以上により、CSWrの業務内容と活動評価の関連性を探索的に明らかにすることを本調査の目的としました。

２．調査方法

本調査は、本書の第3章で挙げた、2014（平成26）年度の全国の大学を対象とするCSWrの配置に関する調査と同時に行いました。CSWrを配置している大学に対

しては、管理者とCSWr自身にも調査を行っています。管理者とCSWr双方から回答が得られた33大学を分析の対象としました。

調査項目は、管理者に対しては学部の構成・CSWrの配置年・配置経緯・業務内容・CSWrの配置による変化・有効活用に向けての課題について尋ねました。CSWrに対してはでは、週当たりの勤務日数・1日当たりの勤務時間・業務配分比率・自身が考える配置の意義や効果・今後の課題について尋ねました。

アウトカム指標とした管理者による「CSWrの配置による変化」の評価は、米村（2011）[1]及び長沼＆長沼（2014）[2]を参考に、「学生の生活状況が多面的に把握できるようになった」「学生の家族の状況が把握できるようになった」「学生が学内の支援部署につながった」等の7項目を設定し、「変化なし」から「大きな変化」までの5段階での評価を受けました。

プロセス評価の指標では、CSWrの「業務配分比率」とは、先行研究から14の業務活動内容を挙げ、1ヵ月当たりの時間配分を合計が100になるようにして、比率を回答してもらいました（以下業務配分比率と表記します）。

分析は以下の手続きで行いました。まずアウトカム指標である管理者による変化の評価を集計しました。次いでアウトカム指標とプロセス評価の指標であるCSWrの勤務体制や活動内容に関連があるのかどうかを検討するため、大きな変化の見られたアウトカム項目3点について「かなり変化した・大きく変化した」と回答した大学（以下変化群とする）と、「不変・あまり変わらない・やや変化した」と回答した大学（以下不変群とする）とで、プロセス評価の指標の比較を行いました。最後に、アウトカム指標の7項目のうち「かなり変化した・大きく変化した」の回答が5項目以上の大学（以下多数変化群）と、1項目以下の大学（以下寡少変化群）とで、CSWr自身による活動の意義や、管理者やCSWrによる今後の課題についての自由記述の回答を比較しました。

３．調査の結果

（１）管理者からみたCSWr配置のアウトカム

アウトカムとして、CSWr配置により生じた変化について尋ねた設問の結果を、

図にまとめました（図4－1）。「かなり大きく変化した」「大きく変化した」の回答が多かったのは「学生への支援について教職員で話し合う機会が増えた」「学生が学内の支援部署につながった」「学生の生活状況が多面的に把握できるようになった」です。学内の連携体制の強化が管理者に実感されていることがうかがえます。「ほとんど変化しなかった」「変化しなかった」の回答が比較的多い項目は「学生が学外の適切な支援機関につながった」「学生への教職員が一致した方針で関われるようになった」「学生の家族の状況が把握できるようになった」でした。学外機関との連携や方針の共有については，管理者にはあまり変化が実感されていないことが示されています。

図4－1：管理者が評価したCSWr配置による良い変化

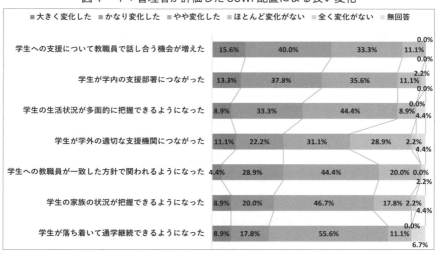

（2）変化を生じた評価項目とCSWrの活動状況の関連

　管理者からのアウトカム評価の高かった3つの項目についてさらに検討しました。ほとんどの項目で「やや変化した」という回答が30〜40％に達していましたので「大きく変化した」「かなり変化した」と答えた学校を「変化群」とし，「やや変化した」「ほとんど変化がない」「全く変化がない」と答えが学校を「不変群」として，

CSWrの活動状況に関する設問の答えを比較してみました。その結果、いくつかの示唆が得られました。

　まず「学生への支援について教職員で話し合う機会が増えた」と評価された学校と、そうでない学校ではどんな違いがあったでしょうか。業務内容のうち、変化群（N=17）と不変群（N=16）で差が見られたのは、「自殺予防・自殺対策のため」です。変化群では8校（47.1％）で目的とされていたのに対し、不変群では2校（12.5％）と低くなっていました（Fisher's test p = .057）。週当たりの勤務日数や勤務時間に有意な差はありませんでした。しかし変化群の方が1日あたりの勤務時間が長い傾向がありました（不変群平均6.4時間, 標準偏差1.9時間, 変化群平均7.9時間, 標準偏差2.5時間）。CSWr自身の1ヵ月の業務時間における業務配分比率を尋ねた設問では、プランニングに割く時間（不変群平均4.7％, 標準偏差5.0%, 変化群平均8.2％, 標準偏差4.8%）や、研修・SV講師の時間の割合（不変群は0%, 変化群では平均1.3％, 標準偏差2.4%）で変化群が高くなっていました。

　次に「学生が学内の支援部署につながった」という評価項目で、同じように比較を行いました。変化群17校中13校では先に挙げた「教職員で話し合う機会が増えた」の項目でも、「大きく変化した」「かなり変化した」と評価されている学校であったため、特徴が重なっています。業務内容のうち「自殺予防・自殺対策のため」が変化群では8校（47.1％）と多いこと（Fisher's test p = .057）や、研修・SV講師に時間を割いている者がいること（不変群は0%, 変化群では平均1.3％, 標準偏差2.4%）は先に挙げた項目と共通していました。このほかにも、1日当たりの勤務時間には有意な差がみられ、不変群平均6.1時間、標準偏差2.2時間、変化群平均8.2時間、標準偏差2.0時間ということで変化群の方が2時間ほど長くなっていました。また1ヵ月の業務時間における業務配分比率の中で、モニタリングに割く時間が変化群の方が有意に多くなっていました（不変群平均3.4%, 標準偏差3.9%, 変化群平均8.4%, 標準偏差6.5%）。

　最後に「学生の生活状況が多面的に把握できるようになった」という評価項目では、業務内容で2つの項目に有意差がみられました。「経済的な課題を抱えた学生の生活支援のため」で不変群では挙げられなかったのに対し、変化群6校（40.0％）が

挙げており（Fisher's test p = .006）、「自殺予防・自殺対策のため」では不変群2校（11.8％）に対し、変化群では8校（53.3％）と多くなっていました（Fisher's test p = .021）。

　最後に全7つのアウトカム評価項目のうち、5項目以上で「かなり変化した」ないしは「大きく変化した」という回答があった多数変化群と、1項目以下しかそのような評価の得られなかった寡少変化群とで、CSWrの活動意義や今後の課題に関する自由記述の内容を比較しました。結果を表にまとめます。

　まずCSWr自身が考える活動意義について、管理者による評価が限られていた寡少変化群では、学生の個別支援の充実を挙げる回答が多かったのに対し、多数変化群では、ケース会議の継続実施や医療保健福祉サービスに関する情報提供や活用、学内の運営委員会等への働きかけなど、ミクロだけではなくメゾ・マクロレベルでの実践についての回答が見られました。またCSWrや管理者が考える「今後の課題」についての自由記述では、寡少変化群では大学職員の資質向上の一環としてCSWrを位置づける必要性を訴える回答や、教職員への広報周知とそのためのデータや実践研究の蓄積を、課題と挙げる回答があったのに対し、多数変化群では入学前から卒業後までを見据えた支援の展開や、CSWr業務のノウハウの蓄積・集約により業務をさらに明確にすることにより、一層の活用を促進することが挙げらています。

４．まとめ

（1）管理者は学内での連携体制の強化を評価した

　管理者によるアウトカム評価では、「やや変化した」まで含めるとほぼすべての項目で7割以上の管理者が、CSWrを配置したことで変化が生じたと実感しており、CSWr配置には一定の有用性が認められたといえるでしょう。特に変化を大きく実感されている項目は、「学生への支援について教職員で話し合う機会が増えた」「学生が学内の支援部署につながった」「学生の生活状況が多面的に把握できるようになった」であり、大学内での連携体制の強化が伺えます。一方で「ほとんど変化しなかった」「変化しなかった」の回答が比較的多い項目は、「学生が学外の適切な支援

表4－1：管理者が評価したCSWr配置による良い変化

	寡少変化群	多数変化群
活動意義（CSWr評価）	・学生の学級での様子や学内での生活状況を観察し，個別での相談を行えることは，多角的に考えられて良い ・対話が苦手な学生の代弁ができるようになり，教員と学生の関係を悪化させることなく修学指導を受けたり，進路相談など教育に関することの話ができるようになった。（相互理解が深まった） ・専門職として第三者的立場で介入することにより，学生と大学側が歩み寄り，効果的な支援を実施することが可能となる．	・日常生活基盤を整える支援を行うことで，充実した大学生活を送ることができる．アウトリーチ機能をもって，危機的状況の予防及び介入を図ることができる． ・ケース会議を行ったり，関係者をつなぐことにより，相互理解と協力が深まった． ・学内外の関係者との連携強化のためのネットワークを持ち，活用できる．社会資源や医療，福祉，就労に関する情報提供ができる． ・ソーシャルワーカーが設置され，学生支援企画推進委員会や障害学生修学支援委員会等で報告することで大学全体の実態や課題が見えてきている．
今後の課題（CSWr評価）	・大学職員（事務職員）が，社会福祉士，精神保健福祉士の資格を取得して，正規職員の立場で，支援業務に携わることができることが必要だと思う． ・大学でのソーシャルワーカーの活動等の周知．ソーシャルワーカーの役割，専門性等の周知． ・ソーシャルワーカーの個々のスキルの強化と共に，対外的に説明責任を果たすため，エビデンスの評価が必要だと感じる． ・統一したアセスメント票や，集計の方法 ・CSWrの実践報告や研究論文の増加．CSWr雇用の安定（正社員・常勤）と増員．学生，教職員，事務員への広報啓発活動．教員，事務職員との連携，情報共有（データ含め）できるシステムづくり．	・就職を視野に入れたトータル・サポートサービスの体系作り．高校・大学・企業でのつながり．大学内でのCSWrの認識アップ． ・ソーシャルワーカーが大学の風土，体制について理解を深めること．予算（人員配置のための）． ・キャンパスソーシャルワーカーとしてのノウハウを集約していく必要を感じる．現状は個々の専門性や領域にバラつきがあるように感じ，他の分野のソーシャルワーカーにくらべ，確立していないように感じる．研修や情報交換，事例検討の場があると，それらが集約していくのではと感じる． ・学内での認知と理解．ソーシャルワーカーの業務の明確化．・効果に関する調査と研究．・雇用体制（継続雇用，常勤化等）の整備．
今後の課題（管理者評価）	・「有資格者の方が大学に来る」というより，「大学教職員として一定のスキルがある方が資格を取る」というほうが現実的だと思います． ・非常勤の立場では任せられる内容に限界がある．学内ネットワークにソーシャルワーカーが入れるような体制整備が必要であるし，それにふさわしい人材育成が課題である． ・大学全体の支援力がないので，ソーシャルワーカーが意見しにくい．大学全体でもそうだが，社会全体でソーシャルワーカーというものと，学生支援について理解されるべきであると思います．大学に講義できる機会があると良いかと思います． ・学内の全教職員の支援に対する意識も高めていかなければ，連携の効果は半減すると思われる．	・就労移行支援やハローワークでの経験を持つソーシャルワーカーがいると，発達障害学生の就労支援でも大変有用な活躍を期待できる． ・障害学生への合理的配慮の教育環境の構築が法的義務になることを考えると，障害学生，特に発達障害学生の増加が見込まれ，現状の人数では確実に足りないと思われる． ・現在，大学における学生支援の多様性に応えるため，多くの職種（臨床心理士，大学カウンセラー，CSWr等）が提唱されているが，当然業務内容も重複し，その専門性，特異性等も不透明のように思われる．CSWrをはじめ，その必要性に説得性があると，大学内でも活用に向けた動きがとりやすいのかも知れないと考えます．

機関につながった」「学生への教職員が一致した方針で関われるようになった」「学生の家族の状況が把握できるようになった」であり、学外の家族や関係機関との協働においてはまだ変化を実感できるような機会がないのかもしれません。また教職員にも多様な考え方のものが存在するため「一致する」ことは難しいのかもしれません。

　とはいえ、多様なものの見方を無理して一致させることは協働を阻害することもあります。むしろ差異を理解し合う姿勢を開かれた対話の原則である「ポリフォニー」として尊重し、価値観の相違を共有しながら、状況についてのより良い理解を深めていこうとする姿勢こそが、協働を促進することを考えれば（Seikkula & Arnkil =2016,[11] 副田2018[12]）、方針の一致は他の項目と比べれば重視する必要はないかもしれません。

（２）CSWrの勤務時間が長いと評価が上がる

　CSWrの勤務日数はアウトカム評価に影響していませんでしたが、教職員で話し合う機会が増えたという評価や学生が学内の支援部署につながったという評価は、一日当たりの勤務時間が長い大学の方で多くみられました。1日当たりの勤務時間が短いと毎日のルーティン業務に追われ、会議の調整や学内連携のための下準備といった調整業務に時間を割くのは難しいかもしれません。1日当たりまとまった時間勤務できることで、業務時間を適宜裁量して調整しやすくなると考えられます。

（３）CSWrが自殺予防や経済的問題に取り組むと評価が上がる

　アウトカム評価の高かった3項目で、いずれも高く評価されていた大学で、CSWrの業務に「自殺予防・自殺対策のため」が位置づけられている割合が高くなっていました。また「経済的な課題を抱えた学生支援」も、学生の生活状況の多面的な理解に関連していました。

　自殺対策を進める上では、適切な援助要請が出せない学生につながるためにも、教職員や周囲の学生からの声を拾い上げる必要があり、そのためのネットワーク作りや啓発活動など、多角的な活動展開が必須となります。そのため、管理者にも変

化が分かりやすいのかもしれません（窪田ら2016[13]）。経済的な課題のある学生への支援に取り組むことも、学習や対人関係以外の側面から学生を理解する契機となると思われます。

（4）CSWrがプランニング、モニタリングに時間を割くことは評価につながる

CSWrの活動時間の中でもプランニングの時間を取っていると、教職員同士で話し合う機会の増加が評価されやすくなっています。また、モニタリングの時間を取っている場合には、学生が学内の支援部署につながっていることが評価されやすくなっていました。どちらも教職員とのケース会議を行うことで，学生について話し合うようになり、経過をフォローすることで、支援の展開についても関係者の理解を得やすくなると考えられます。山野ら（2015[8]）は全国のスクールソーシャルワーカーに対する調査から、よく行っている活動は「学校アセスメント」「子ども・保護者のアセスメント」であり、「ケース会議」を開いていることを指摘しています。

さらにケース会議に焦点化した時に、他の資格所持者に比較して社会福祉士や精神保健福祉士は、ケース会議を成功させるための効果的援助要素をよく行っていたと報告しています。CSWrも限られた勤務時間の中で効率的に働く上では、ケース会議の時間を確保して他教職員や外部関係機関を巻き込みながら、支援をマネジメントしていくことが必要であり、それは同時に、他職種と比べて福祉職が比較的得意とすることでもあるといえるでしょう。

（5）ミクロレベルだけではなくメゾ・マクロレベルの実践を心がけること

表に示されたように、活動意義や今後の課題に関する自由回答からは、変化項目が少ない大学では、CSWrの活動もミクロ実践を丁寧に行うことに主眼が注がれていたのに対し、変化項目が多い大学では、ケース会議や外部との連携や学内の運営委員会への積極的な働きかけなど、メゾ・マクロレベルの実践にも触れる回答が多かったのが特徴的でした。ミクロレベルの実践は、ソーシャルワークの基盤となる重要な活動ではありますが、それのみに終始してしまうと、周囲の人々からCSWrの活動による変化が評価されづらかったり、他職種との違いが分かりづらくなった

りする可能性があるのでしょう。

　今後の課題については，変化項目が少ない大学では，「正規職員である大学職員の
スキルアップとして社会福祉士等の資格を取得する」「エビデンスの蓄積」「非常勤
には任せられる内容に限界がある」等が挙げられていました。勤務体制の不安定さ
や勤務時間の短さから活動内容が限定されてしまい，それ故に有用性を十分にアピ
ールできない現状にある可能性も示唆されています。

　変化項目が多い大学では，人数の増員や雇用状況の改善を求める意見に加えて，
入学前から卒業後までを見据えた外部機関との積極的な連携など，さらなる活躍を
期待する意見や、CSWrのノウハウの蓄積・集約により、CSWr業務の専門性を確
立していくという意見もみられました。既に大学内でさまざまな成果を発信してい
るCSWrであればこそ、さらなる活躍を期待されたり、CSWrという実践領域やそ
の方法論の確立に意識が向けられていると考えられます。

　また米国ではCampus Social Workerの名称を用いている大学は、WEB検索では
University of Carfornia, Ivineと限られていますが、高等教育機関において同様の役
割がCase Managerによって担われており、その活用は広がっています。2011（平
成23）年に15の高等教育機関の有志によって設立された全米協会も、現在は数百人
の会員がいるとのことです（The Higher Education Case Managers Association
2019）[14]。その実践についてまとめた資料も刊行されており（National Behavioral
Intervention Team Association, & American College Counseling Association
2012）[15]、高等教育機関でのケースマネジャーの多様な業務について、事例を含めて
理解できるようになっています。なお、米国ではヴァージニア工科大学での銃乱射
事件をきっかけに、キャンパスの安全保持や緊急対応のために、ケースマネジャー
が活用され始めたといいます。そのため、多くの大学でその業務には、問題行動を
おこす危険のある学生のアセスメントや管理も含まれています（National Behavioral
Intervention Team Association, & American College Counseling Association
2012）[15]。それゆえにこそ、ソーシャルワーク理論に基づいて、学生のアドボカシー
とエンパワメントを目指してケースマネジメントを行う重要性を指摘する意見もあ
ります（Adams, Hazelwood, & Hayden 2014）[16]。

　日本のCSWrについては、まだ配置大学も限られており、配置形態もまちまちであることから、それぞれのCSWrが模索的に活動を拡げている現状が続いています。とはいえ、10年以上の活動の蓄積も出てきていることから、ノウハウを集約し公刊するなど、大学内に活動をアピールしていくだけではなく、より広くその役割や有用性について訴えていく必要がある時期に差し掛かっているといえるでしょう。

　スクールソーシャルワーカーに関しては、実践の蓄積から「実務テキスト」や「事例集」等が出版されており（例えば金澤ら2019¹⁷⁾, 奥村ら2014¹⁸⁾）, 領域としてその専門性が理解されつつあります。同様に本書がCSWrについての理解を深める上で大きな役割を果たすことを願います。

　なお本調査では、アウトカム指標を管理者の主観的な評価に委ねており、例えばユーザーである学生や保護者による評価や、客観的指標を用いた評価などの多角的なアウトカム評価を組み込んだものではありません。プロセス指標についても、CSWrの勤務時間やその割り振りに関する主観的評価しか用いておらず、客観的な活動実績に関する評価は組み込めていません。これらの限界があるため、本研究はCSWrの有用性評価を包括的に行ったものとはいえません。今後さらなる研究を積み重ねていくことが望まれています。

【注】

1 ）米村美奈（2011）「大学におけるキャンパスソーシャルワーカーの必要性とその実態──全国の大学のソーシャルワーカーへの聞き取り調査から見えてきたもの」『学校ソーシャルワーク研究』6、28-41

2 ）長沼洋一・長沼葉月（2014）「大学における学生支援業務に従事するキャンパスソーシャルワーカーの業務確立プロセスに関する研究」『学校ソーシャルワーク研究』9、2-14

3 ）菊池悌一郎、下田学（2015）「大学キャンパスにおける総合的学生支援：学生総合支援室とカウンセラー・ソーシャルワーカーの協働 」『日本教育心理学会総会発表論文集』57、p642

4 ）佐藤武、花田陽子、島ノ江千里、他（2014）「佐賀大学におけるキャンパス・

ソーシャルワーカー制度：制度導入から現在までの2年間の分析」『精神医学』56(5)、385-389

5） 早川由美、森やよい（2011）「「何でも相談窓口」型学生支援活動の在り方」『学生相談研究』32(1)、48-59

6） Rossi,P.H., Lipsey,M.W., & Freeman, H.E. (2004) Evaluation : a systematic approach 7th ed., Sage.（= 2005、大島巌・平岡公一・森俊夫ほか訳『プログラム評価の理論と方法：システマティックな対人サービス・政策評価の実践ガイド』日本評論社）

7） 安田節之・渡辺直登（2008）『プログラム評価研究の方法』新曜社

8） 山野則子編（2015）『エビデンスに基づく効果的なスクールソーシャルワーク：現場で使える教育行政との協働プログラム』明石書店

9） Bailey, T., & Alfonso, M. (2005). Paths to persistence: An analysis of research on program effectiveness at community colleges. Indianapolis, IN: Lumina Foundation for Education.

10） Karp, M. J. M., O'Gara, L., Hughes, K. L. (2008). Do support services at community colleges encourage success or reproduce disadvantage(CCRC Working Paper No. 10). New York, NY: Community College Research Center, Teachers College, Columbia University.

11） Seikkula, J. & Arnkil, T.E.(2006) Dialogical Meetings in Social Networks. Karnac, 2006(= 2016、高木俊介、岡田愛訳『オープンダイアローグ』日本評論社）

12） 副田あけみ（2018）『多機関協働の時代：高齢者の医療・介護ニーズ、分野横断的ニーズへの支援』関東学院大学出版会

13） 窪田由紀・シャルマ直美・長﨑明子・田口寛子（2016）『学校における自殺予防教育のすすめ方──だれにでもこころが苦しいときがあるから』遠見書房

14） Higher Education Case Managers Association（2019）HISTORY & EVOLUTION. www.hecma.org/about-us/history-evolution/（最終アクセス

日2020/03/15）

15）Van Brunt, B., Woodley, E., Gunn, J., et al., (2012). Case management in higher education. Publication of the National Behavioral Intervention Team Association and the American College Counseling Association.

16）Adams, S.D., Hazelwood, S., & Hayden B. (2014) Student affairs case management: Merging social work theory with student affairs practice. Journal of Student Affairs Research and Practice, 51(4), 446-458.

17）金澤ますみ・奥村賢一・郭理恵・野尻紀恵編 (2019)『新版 スクールソーシャルワーカー実務テキスト』学事出版

18）奥村賢一・門田光司監修、福岡県スクールソーシャルワーカー協会編 (2014)『スクールソーシャルワーカー実践事例集─子ども・家庭・学校支援の実際』中央法規出版

初出：長沼洋一、長沼葉月（2020）四年制大学におけるキャンパスソーシャルワーカーの評価に関する探索的検討. 学校ソーシャルワーク研究 15. 65-77

第5章　事例に見る学生の困りごと　1

1．ニーズからサービス創出

事例1　目が見えないが大学で勉強したい

【視覚障害学生への支援】

　学生Aは、先天性の視覚障がいがあり、3歳で視力を失った。明るい場所であれば微かに色の識別ができる程度であるが、人や物の識別はできない。中学までは特別支援学校に通学するも、高校はさまざまなサポートを受けながら普通高校へ進学した。将来は国際機関で働くことを夢見て、大学へ進学することを決意する。猛勉強の末、第一志望の大学に合格し、夢への第一歩を進めた。

　大学ではゼミナール（演習）形式の授業やアクティブラーニングなどもあるため、これまでの学習環境とは大きく異なることが予想された。また、高校までと違い、大学の定期試験はさまざまな形態で実施されることを聞いていたため、どのように定期試験を受験できるのか不透明な部分が多く不安が募った。そこで、A自身で大学の障がい学生支援部門に相談し、CSWrが面談を実施し、大学入学後の学習や学生生活に関する不安について確認を行うこととなった。

〈支援に関する入学前面談〉

　Aの希望と抱える困難をヒヤリングするために、CSWrとA・母親がオンラインで相談することになった。Aは自身の視覚障がいの特性について話をした。それにより物の見えやすさは、部屋の明るさも影響することを確認した。しかし、部屋の

明るさの調整をしても通常の文字を識別することは困難である。そのため授業を受けるためには、教科書・配布資料等を読み込む工夫が必要であることを確認した。

　その他にも授業ごとにキャンパス内を移動する教室移動が不安であること、サークル等の学生生活全般に不安があること、自宅からの通学に不安があるということを確認した。

〈CSWrの支援のポイント〉

（1）授業資料の変更

　　どのような資料を用意する必要があるのかは科目により異なり、学生の希望を理解することが重要である。Aは、点字の読解力が高かったため、可能な限り資料の点字化を希望した。Aの希望するように資料の点字化を進めることができればよかったが、現実的にはすべての資料を点字化することは難しかった。まず、点字化するには、専門業者へ外注する必要があった。それには当然費用がかかり予算の問題があり、また時間も要した。

　　さらに、大学では高等教育が行われるため、点字業者が対応していない言語などもある（例えば、ドイツ語・イタリア語などの外国語、Python、Rubyなどのプログラムに関する言語、高度な数式など）。どの科目の資料を優先的に点字化し、点字化が難しい資料については、音声読み上げ機能の利用、個別の代読などの方法を提案し、話し合った。

（2）学内での移動への支援

　　高校までと違い、多くの大学では授業ごとに教室移動がある。当然、Aは移動においても困難が生じる。はじめに、履修予定科目に照準を合わせ、教室をつなぐ動線の確認を行った。大学守衛室や関連部署とも連携し、動線上の障害物を撤去した。先輩学生（ピア・サポーター）の協力を得て、週2回のペースで動線を把握するための訓練を実施した。学外での移動や通学については、地域行政と連携し、歩行訓練や福祉資源が利用できるようにサポートを行った。

（3）授業以外の学生生活への支援

　　大学生にとってサークルやアルバイト、学友たちと過ごす何気ない時間は非

常に重要な時間である。そのため、授業時間以外の学生生活へのサポートも重要な課題である。

　しかし、大学としてのサポートは授業に限定する場合があり、サークルなどは、授業サポートとは別部署（例えば学生支援センター、学生ボランティアセンターなど）が担当する場合も多い。そのため、CSWrはさまざまな部署を横断的に調整し、Aの希望や情報共有などを行った。

（4）心理的ケア

　視覚障がいを有する大学生の割合は、他の障がい学生と比較してもまだまだ少ない状況にある。また、大学教育における授業のほとんどがパワーポイントなどの視覚情報を用いた教育スタイルであり、学生の心理的不安は非常に大きいものであった。

　そこで「どのような些細なことでも、相談できる準備があること」を伝え、常に安心感を持って学生生活を送れるように助言した。また、配慮調整についての面談場面では、協働的に合理的配慮を決定する意思があることを伝えることも重要である。

（5）科目担当教員に対する教育に関する助言

　大学教育における授業を担当する教員のほとんどは、その研究分野のスペシャリストであるが、教育のスペシャリストでないことが多い。そのため、専門分野については非常に高度な知識・技術を持っているが教育力には個人差が大きい。

　特に、障がいを有する学生への特別教育に関する知識・技術を有していることは少ないため、CSWrは障がい特性について、担当教員と情報共有を行い、意見交換をしながら、教員に対しても助言およびサポートすることが求められる。

　教育場面、学生生活場面全般において注意すべき点として、「あれ」や「これ」という指示語を使わず、具体的な言葉を使うように意識することを話し合った。例えば、授業などで、

「この詳細は、教科書のここに載っています。」

と伝えてしまうと、理解が難しい。

「詳細は、教科書の○○ページに載っています。」

と教示するように依頼した。また、講義では聴覚と触覚（点字など）を頼りに学習を進めている。

　理解に時間がかかることも想定され、授業後などに自由に質問できる時間を用意すること、教員や講義TA（ティーチング・アシスタント）に直接的に質問できる環境を構築することが望ましいことも伝えた。

〈利用できる社会資源や支援方法〉

1．全国高等学校校長協会入試点訳事業部
2．サピエ（視覚障害者情報総合ネットワーク）
3．国立国会図書館　視覚障害者等用データ送信サービス
4．財団法人　安全交通試験研究センター
5．独立行政法人　日本学生支援機構　障害学生修学支援の情報
6．学内における障がい学生に対する支援者の交流会
7．キャンパス内での歩行訓練
8．レポート作成に対する個別支援
9．授業資料の個別読み合わせ
10．資料のOCR化（読み上げ対応）

〈CSWrのつぶやき〉

　視覚障がいを有する大学生の入学は、まだまだ多くはない状況です。そのため、CSWrをはじめ大学関係者にとって、視覚障がい学生のサポートは経験値が不足している状況だと言えます。一言に視覚障がいと言っても、障がいの程度や特徴は千差万別です。

　大切なことは、学生の希望と対処能力を最大限に引き出すように工夫することや、CSWr自身の支援の経験についても伝える方が良いでしょう。これまで視覚障がい

者のサポートに従事した経験がなければ、その旨を伝えることも必要ですし、大学においてここ数年の視覚障がい学生のサポートを、どの程度行ってきたかについても伝えることは意義があることと言えます。

　また、本事例では、先輩学生がピア・サポーターとして、キャンパス案内を実施できたことは、学生にとってもピア・サポーターにとっても、意義のある活動ができたと考えています。ピア・サポートは、学生同士の相互扶助活動の一つです。

　視覚障がい学生が学習を進めていくための一般的な支援機器として以下のものがあります。

　1．点字プリンター：テキスト文書を専用プリンターにて点字化
　2．点字ディスプレイ：コンピューターの画面情報を点字にする専用機器
　3．点字タイプライター：点字を作成するためのタイプライター
　4．小型点字器：小型で持ち運びに便利な点字器
　5．音声対応メールソフト：メールの内容を音声読み上げするソフト
　6．画面読み上げソフト：画面に表示されている文字を読み上げるソフト
　7．ルーペ：文字を拡大する

なお、現在販売されているPC（Win・Mac）には、標準機能で音声読み上げ機能が搭載されていることも多く、活用できます。

　また、学生が援助を求めやすい環境を構築するために、相談窓口を一本化することも望ましいです。CSWrがその窓口になることは必須ではありませんが、さまざまな部署と横断的に接している職員や部署が窓口になることが求められます。

事例2　車いすでの大学生活

【重度肢体障害学生への支援】

　学生Bには重度肢体障がいがある。指先を器用に使い、大きな電動車いすを上手に操縦する。障がい者スポーツにおいて全国でも指折りの選手である。自宅から公共交通機関を利用して通学しており、途中の乗り換えで駅員の助けを借りながらひとりで登校している。学内の支援は、雨の日のカッパの着脱衣、食事や排せつの介助、授業中のページめくりやレジュメの筆記、カバンからの荷物の出し入れ、試験時の代筆支援などである。

　これらの支援は、「重度訪問介護利用者の大学等の修学支援事業」（地域生活支援保障事業特例枠）を利用し、事業所のヘルパーと学生支援センター（以下、支援センター）に登録しているボランティア学生によって行われている。

　しかしヘルパーもボランティアも足りておらず、ある日、支援センターのスタッフがBに対して、

　「誰か友人で、ボランティアやヘルパーをしてくれる人はいないだろうか。」

と声掛けをすると、

　「わかりました。支援をしてくれる友人を探してみます。」

と笑顔で応えた。ある雨の日の昼休み、ボランティア学生Cが支援センターに立ち寄り、その場にいたCSWrにBの様子を教えてくれた。Bがカッパも着ずにずぶ濡れで教室棟までの坂をひとりであがっていたこと、自分は急いでいたため放ってきてしまい申し訳なかったとCは言った。CSWrがBを探して学食へ行ってみると、濡れた服のままひとりでぼんやりしているBをみつけた。CSWrが、

　「ずぶ濡れじゃない、大丈夫？駅に支援者がいなかった？」

と話しかけると、Bは

「大丈夫です。」と答えた。

〈本当の気持ちに寄り添う〉

CSWrは「そうなんだね。」とだけ応答し、Bが話すのを待った。Bは、

「私には障がいがあるから支援者がいないと大学生活が送れません。なのでヘルパー事業所や支援センターが一生懸命、支援者を探してくれています。でも支援者は支援者であって友人ではないのです。私は友人が欲しい。」

といい、それ以降は何も話さなかった。

CSWrはコーディネータースタッフとこのBの発言について共有した。コーディネータースタッフは、

「『この前、友人で支援者になってくれる人はいないか？』と訊いたことが気に障ったのだろうか？」

と心配をした。CSWrは、

「何か怒っているというよりも、哀しんでいました。」

と答えた。しばらく後にヘルパー事業所からもセンターに電話が入った。事業所の担当者は、

「最近、Bの元気がありません。大学ではどうですか？実はヘルパーについても『友人がやってくれるから大丈夫です。』と断る日もあります。それで安心していたら部屋で転んで起き上がれなくなっていたこともあって。本当に友人が支援しているのでしょうか？」

と聞かれた。事態を重くみたCSWrはBに関する情報を集めるために支援センターでカンファレンス（ケース会議）を開き、検討をすることにした。

〈CSWrの支援のポイント〉

（1）学生の異変をキャッチする

　　普段より、学生の様子を観察していることで、何かしら変化に対応することができる。また学生、教職員と対話をすることで、学生の様子を知ることができる。本人はもとより教職員がCSWrや支援センターにアクセスしやすくする

81

　ことが重要である。

（2）学生の意思表明を支える支援

　　障がいのあるなしに関わらず、学生が自分の言葉で意思を表明することは学
　生の尊厳を守ることにつながる。時間がかかっても、本人がどうしたいのかを
　丁寧に聴き取り、実現にむけて本人の望む支援をすることが大切である。

（3）制度と現実の間にあるギャップや葛藤にともに向き合う

　　大学が必要だと思われる「合理的配慮」さえしていれば、それが本人の望む
　大学生活になるとは限らない。学ぶ上での社会的障壁を取り除くそのプロセス
　に本人が参画し、大学と協働することが大切である。

（4）大学コミュニティがもつ多様な資源（人的資源・環境的資源）を活用する

　　CSWrは問題の解決にあたって、個人の変容や適応のみに焦点をあてず、大
　学コミュニティにあるすべての力を活用する。

（5）地域の資源を活用する

　　障がいのある学生を支えるために家族や外部機関との連携は重要である。こ
　の事例では公共交通機関、自治体、地域のヘルパー事業所などがそれにあたる。

〈強みを活用した友人づくり〉

カンファレンスでさまざまな意見が出る中、CSWrは、

「Bは、障がいのある学生として扱われることが嫌なのではないか。今一度、一人
の学生として話し合うべきなのではないか。」

と発言した。他スタッフもこの意見に同意し、あらためてCSWrがBと面談をする
ことになった。面談の日、Bは自分の気持ちをぽつりぽつりと話した。

「せっかく大学に入ったのに、みんなが私のことを障がい者とは見るけれど、大学
生だとみていないのではないかと思ったのです。いつも支援者といるからダメなの
かなって。それで、カッパを着ずに歩いてみたら、誰か声をかけてくるかな、と考
えたんです。試すようなことをして申し訳ないです。」

と答えた。

CSWrは、気がつかずにいたことを詫び、改めて一人の大学生として接すること

を約束した。そして大学生として何がしてみたいかBに尋ねた。Bは、

「障がい者スポーツを通して『友人』をつくりたい。」

と言った。CSWrは、

「それなら支援センター主催でスポーツ大会を開催するのはどうか？」

と提案した。Bは賛成し、自ら実行委員の学生を募り、教員にスポーツ大会の監督を依頼し、他の教職員にも広く声をかけ、最終的には地域の障がい者スポーツ団体にも協力を依頼していった。B自身も実行委員としてかかわり、障がい者スポーツ団体に協賛を取り付けるなど活躍した。スポーツ大会が終わった日、BはCSWrに、

「友人も増え、イベントをやり遂げたことで、私はやっと大学生になれた気がします。」

と話した。

〈利用できる社会資源や支援方法〉
1．学生支援センターや大学行事への参加
2．Bが参加している障がい者スポーツ団体との連携
3．重度訪問介護事業所
4．ヘルパー事業所
5．Bがもつ強みを発見し活かす

〈CSWrのつぶやき〉

　CSWrとして、障がい学生と向き合う時に、注意しなければならないことがあります。それは大学が医療機関でも福祉サービス事業所でもなく「教育機関」であることです。

　また「支援」という言葉は時に上下関係を感じさせるものであることを忘れてはならないと思います。それが、教職員から学生への「支援」であればまだしも、ボランティア学生からの「支援」については注意が必要です。

　Bさんのように若者が「支援者」ではなく対等な「友人」が欲しいと思うことは

当然の気持ちであることを忘れてはならないのです。

　障害者差別解消法により「合理的配慮」を提供することは大学の義務となりましたが、それは障がいのある学生を障がい者としてのみ扱うことを指しているのではありません。むしろ、障がいがあってもなくても豊かな大学生活を送るべく、ユニバーサルな大学環境を目指していくことへの義務だと思います。

　障がいのある学生を大学に適応させるのではなく、大学が障がいのある学生に適応していくことが必要です。

　今一度、皆さんの大学の環境がユニバーサルな構造になっているか確認してみてください。エレベータや手摺、点字ブロックなどハード面での基礎的な環境が整っているのであれば、次は障がいのある学生の満足度を確認する必要があります。その上で、障がいのある学生本人のもつ「強み」を可視化し、最大限に活かす企画を考えることが重要です。

　笑ってしまう話でもありますが、Bさんは50歳を過ぎた私よりもずっと早く歩くこと（電動車椅子で移動）ができます。彼らの可能性を見つけるたびに、私自身も自分を振り返ることができます。他の学生も私と同様に、障がいのある学生との関わりを通じて多くのことを学ぶことができることを願っています。

事例3　勉強ができないから退学したい

【アカデミックハラスメントへの対応】

　学生DからCSWrに電話が入った。

　「研究室に行こうとすると、体調が悪くなって、家から出られない状態が続いている。このままでは卒業ができないので、退学したい。」「大学構内に行くことは無理であり、自分では教員に連絡ができないので、CSWrに退学の手続きを代わりにやって欲しい。」

という。CSWrは、Dが退学を希望するまでの経緯に耳を傾けた。Dは、

　「勉強についていけなく、能力が低いので退学するしかない。」

という。CSWrは、Dの話の中で、研究室教員の言動がやけに厳しいことが気になった。例えば、

　「いったい、家ではどんな育てられ方をしてきた？！」

　「あなたの発表は幼稚園生と同じ。」

などと言われるという。また、「指導の時間は3時間を超えることが日常茶飯事だ」という。Dは、

　「自分の能力が低いから、教員の言動は当然であり、早く退学したい。」

と繰り返し訴える。

〈アカハラとして状況を捉える〉

　CSWrは、教員の言動がアカデミックハラスメントに抵触する可能性を念頭に置きながら、さらに詳しくDの話を聴いた。そして、できれば電話だけでなく、Dと直接会って話を聞きたいと提案した。しかし、Dは、

　「構内に入ることが怖く、CSWrに会うのは難しい。」

と言う。CSWrがDの下宿の近くの喫茶店で会うのはどうかと誘っても、

　「教員に目撃されたら、大学には来ていないのに、喫茶店にいることを責められると思う。怖くて無理だ。」という。同じ理由で、

「ここ1ヵ月は、昼間に外出できず、夜中にコンビニに行くことしかできない。」
と話す。CSWrは、怯えるDの様子が心配になった。体調も把握したいので、

「アパートを訪問していいか？」
と尋ねた。するとDは、

「ありがとうございます。」
と小さな声で言った。

〈Dのアパートへ〉

CSWrは、同僚と一緒にDのアパートを訪問した。インターホンを押すと、Dは少しだけドアを開けてくれた。CSWrは、まずドアを開けてくれたことに礼を述べ、力になりたいと思っていることを伝え、食事と睡眠が取れているかを確認した。日常の話をひととおり聞いたあとに、

「今の修学環境が改善されたら、どう思う？」
と問いた。Dは最初のうちは、自己否定ばかりだったが,

「家にひきこもっていて、久しぶりに人と話したことが嬉しい。」

「CSWrと話しているうちに、自分の本心は、大学をやめたいわけではないかもしれない。」
とポツリポツリと話し始めた。

CSWrは、自分を責めなくても良いこと、退学も一つの選択肢だが、とても大切なことであるので、いろいろな人の意見を聞いた方がよいことを伝えた。Dは、

「親に話したとしても、今の状況を我慢して卒業しろ、と言われるだけだと思う。」
と答えた。Dの話によると、Dの下には弟が2人おり、両親は経済的理由からDの大学進学には積極的ではなかったという。

〈本当は勉強を続けたい〉

Dは、親の負担をできるだけなくすために、学費免除や奨学金を利用し、入学後も勉強を頑張ってきた。アルバイトにも精を出し、生活費は自分のアルバイト代でやりくりした。このため十分な勉強時間を確保することができず、日中は眠気が出

てしまうこともあった。研究室の教員は、そんなDの姿をみて、皆の前であくびを注意し、

「アルバイトをしている学生は成績が悪い。そんなにお金を稼ぎたいなら、大学を辞めて早く社会に出た方がいい。」

と何度も言っていたという。CSWrは、Dの努力を支持し、教員の言動の不適切性についてDと話し合った。そして、Dには修学する権利があり、教員はそれを侵害することはできないことを伝えた。

〈CSWrの支援のポイント〉

（1）大学内のハラスメント関係の情報提供

　　　研究室教員の言動について、詳細を聴取する。言動が学生の権利の侵害に当たる可能性がある場合は、ハラスメント規定と照らし合わせて解決方法を学生と模索した。

（2）訪問支援

　　　学生が自ら相談に来られないこともある。必要に応じて、親に連絡したり、複数名で訪問したりする。完全なひきこもり学生の場合、玄関先で会うことができないとしても、手紙を投函するだけでも変化の兆しが現れることがある。

（3）学生の修学権・在学契約

　　　学生は大学に授業料等を納めていることから、教員は、学生に教育する義務を負っていることになる。教員が一方的に、学生が不真面目に見える、勉強への意欲がないように見えるとの理由で、教育を放棄することはできない。また退学を強く勧奨したり、皆の前で見せ物のように、厳しく指導したりするなどの行為は、アカデミックハラスメントに該当することが考えられる。

〈意欲を取り戻したDさん〉

CSWrとDは、その後も退学とその他の選択肢について話し合った。Dは、

「現在の研究室では勉強はできないが、他の教員の元でなら、もう一度勉強にチャレンジしたい。」

と気持ちを固めた。その希望は、理解ある管理職らによって叶えられた。Dは、これまでの研究室の教員から受けてきた言動について、ノートにまとめ、ハラスメントで訴えるかどうか、しっかり考えたいと話した。CSWrは、周辺学生の安全も確認し、緊急性はないと判断し、Dの意思を尊重することにした。

〈利用できる社会資源や支援方法〉

1．アカデミックハラスメント

2．アウトリーチ（訪問による支援）

3．研修の企画・実施

4．アドボカシー（権利を守るための制度への提言）

〈CSWrのつぶやき〉

　いきなりの退学に関する相談で、しかも代わりに手続きをしてという要望だったので戸惑いました。私自身は退学が悪いことだとは思いませんが、本人が抑うつ状態にある場合など、じっくりと考えることができていないのではと思われるときは、待ったをかけることもあります。

　まずは、退学したいという気持ちを否定せずに、どうして今そのような状況になったかを丁寧に聴くようにしています。

　Dさんのケースでは、退学の選択肢が浮上してきたのは、かなり教員の言動が影響していると感じました。聞けば聞くほど「ハラスメントでは？」と思う具体的文言が出てきました。しかもDさんは外出できなくなるほどに否定され続けており、ダメージが大きいこと、抑うつ状態も考えられ、最悪の事態を防ぐために、訪問支援も躊躇なく行いました。

　Dさんは、経済的な困難も話してくれるようになり、生活面での情報提供も行いました。心理面だけでなく、生活面も重視するアプローチは、CSWrの根幹的な支援と考えています。心理的苦悩の多くは、環境に影響を受けているという考えをしていますから。

　後日談ですが、Ｄさんは勉強に集中したいので、ハラスメントの訴えをしないという決断をしました。正直なところ、CSWr個人としてはハラスメント性が強いと思っており、大学の公式な介入、教員の言動改善に期待していましたが、CSWrはまずもってＤさんの意思を尊重することが求められます。CSWrの価値観を学生に押し付けての解決はあり得ません。

　そこで私からＤさんへの提案として、大学の管理職と事案を共有すること、研修会を企画することを話し、それを受け入れてもらいました。また、ハラスメントガイドラインの例示に、Ｄさんが言われた言葉を盛り込む提言をすることにも了解を得ました。

　一人の声でも、大学組織を動かせるのだということが、Ｄさんに伝わったようで嬉しいです。このような大学内での権利擁護もCSWrの大切な役割だと思います。当該教員は、非公式に注意がなされたようです。大学の教育環境が良くなるように、常に学生の側に立って考えていきたいと思っています。

事例4　ふらっとやってくる学生たち

【フリースペースの管理運営】

　CSWrが見守りを行う学生相談室横の「フリースペース」には、傘を借りに来たり、中庭で使うレジャーシートを借りに来たり、用事はないけどちょっと誰かと話したい、友達と待ち合わせまで時間があるから、と学生がふらっとやってくる。

　学生Eは、

「アルバイトで疲れた。」

と来室してフリースペースで少し休んでいたが、しばらくすると、

「大学生になったらアルバイトをしなければ、と強く思ってアルバイトを始めた結果、一日の睡眠時間が3時間ほどしか取れず、課題の提出も間に合わなくなっている。」

と話すようになった。

　学生Fは学生相談室のカウンセラーから、フリースペースを紹介されてやってきた。しばらくは何も話さず過ごしていたが、そのうち、

「何から手を付ければよいかわからない。」

「すべてができないので困っている。」

とぽつりぽつりと話すようになった。

　学生Gは

「こんな場所があるのですね。」

と友だちとのぞきにきて、その後一人で来てはおしゃべりするようになった。たまにフリースペースで寝入ってしまうこともあった。話を聞いていると、何かにとりかかると全力でそれに取り組むことで、残りのエネルギーがなくなってしまうようである。

　その予定をこなすために、どのぐらいの体力やスキルが必要かということの見通しが立てられず始めてしまうため、一つのことを終えると、その

後は体力が続かなくなってしまう。レポートを提出した後、授業に出席すると周りが起こしても起きないほど寝てしまうということが度々あると話している。

〈共通する困りごと〉

　3人の困っていることはそれぞれだが、CSWrは3人の共通する課題は「スケジュール管理」ではないかと分析した。そこでCSWrと一緒にスケジュール管理をすることを提案すると、3人ともやってみたいということになった。

〈CSWrの支援のポイント〉

（1）診断名よりも困っている内容に注目

　　　E、F、Gはそれぞれ発達障がいや精神疾患の診断を受けている。診断名を知って、その苦手な部分をフォローする形での支援が必要なこともあるが、この3人については「予定を立てる」という切り口で考えると、苦手なところがはっきりしてきた。

（2）先回りして助けない

　　　自分のスケジュールを自分で組み立てるためにも、本人の希望でスケジュールを組み立て、どうやったらそれができるかを一緒に考えるという視点を持ち続けるように支援した。その過程で、「スケジュールを詰め込むことがスケジュール管理ではないこと」「体を休めることやリフレッシュする時間も大切なこと」を実感してもらうようにした。

（3）スケジュールを立てることを最終目標にしない

　　　スケジュールを立てることが大きな負担になる学生もいる。実行可能なスケジュールを立てることが重要で、スケジュールを立てることが目標ではないことを共有しながら進めていった。

〈具体的なスケジュールの立て方〉

（1）Eの場合

　まず人間には、睡眠や食事、入浴など、必須の時間があることを確認した。Eは自分のやりたいことや、やらなくてはいけないと思っていることで、一日の時間を埋めてしまい、結果として時間切れになる。本人と確認しながら「睡眠は最低6時間、できれば7時間」「1回の食事は、準備と片づけと食休みを含めて1時間はとりたい」「入浴は疲れるので寝る前に」など、必須の事柄をまず当てはめ、その空いた時間でどんなことができるか組み立てた。

　その上で授業の出席や、課題に取り組む時間を組み込み、その後、アルバイトが可能な時間を考えることにした。検討の結果、Eは、自分の満足のいく内容で大学の授業や課題に取り組むためには、授業期間はアルバイトをする時間がないと判断し、アルバイトをやめることにした。

（2）Fの場合

　スケジュールを立て始めると、予定通り進まない理由は、「自分で設定した時間内に予定が終わらない」ことではないかと気づいた。例えば、一つの予定を30分で終わらせるつもりが実際には60分かかり、そうすると次に始めようと思ったことができない。対策として作成したスケジュール表に見込み時間を付箋で貼り、もし一つのことが思ったより長くかかったときは、付箋をずらしてスケジュールの組み換えができるようにした。

（3）Gの場合

　Gは、とにかく予定を詰め込みすぎてしまう。そのため、「何もしない時間」という「予定」を立て、その時間は仮眠をとったり頭を休める時間とすることにした。

〈スケジュールを立ててみたものの…〉

　3人とも、1〜2週間に1回、30分程度の時間をかけてスケジュールを立てることで、最初はうまく時間を使うことができたり、効率が上がったりとスムーズに大学生活を送ることができるようになった。

　ほっとしたのもつかの間、3人とも「スケジュール通りにできないと、できない自分に落ち込む」ことがわかってきた。そのため、スケジュールは変わるもの、結

果として生活できていればよいことを伝えて、実感してもらうようにした。

　また、3人とも同様に頑張りすぎるとエネルギー切れになる傾向が見えてきたので、大学でエネルギー切れになったときは「フリースペース」で15分休んでもよいこと、それ以上に休養が必要なほどつらい時は、その後のスケジュールをもう一度見直して、その日は休養に充てることなどを一緒に考えていった。

〈その後の経過とフリースペースの重要性〉

　支援を進めるなかで、「フリースペース」が重要な働きをすることがわかってきた。フリースペースは相談室開室時間内であれば予約は不要で利用することができ、数人座れるミーティングテーブルと、パーテーションで囲まれた一人で静かに過ごせる場所があり、相談室受付を兼ねるCSWrによる見守りを行っている。

　E、F、G以外にも、授業中頭がいっぱいになって落ち着かなかった学生が、フリースペースでしばらく静かな時間を過ごして、また授業に戻っていくという光景が見られるようになった。さらに、学生対応について少し誰かと相談したいという教職員の来室もある。CSWrと問題点を整理したり、カウンセラーからのアドバイスが有効であると考えられる場合は、コンサルテーションの予約を取ったりという学内連携の場にもなっている。

〈利用できる社会資源や支援方法〉

1．学生相談室

2．フリースペース

3．学生の自主性を支える

4．基礎的な障がい、疾病への理解の促進

〈CSWrのつぶやき〉

　フリースペースを利用することで支援の必要性が見えてきた学生が、フリースペースの機能を活用して学生生活を送ることができるようになりました。学内にこう

いった「ゆるやかな場所」があることで、学生生活を送ることができるようになる学生もいます。

　また、「スケジュールを立てる」ことは、全員同じ時間割があるわけではない大学おいて、学生によっては一番頭を悩ませることかもしれません。行動範囲が広がる大学生活は、一つのことに集中しすぎると、ほかのことができなくなる特性のある学生にとって、スケジュール管理も一苦労です。

　「障がいのある学生への合理的配慮」の対象となる学生以外にも、今回紹介したEさん、Fさん、Gさんのように、少しの支援があればスムーズに学生生活を送ることができる学生がいます。

　「自分は障がいについて専門的なことは知らないから関われない」と思う教職員の方もいらっしゃるかもしれません。まずは学生の話を聞いてください。何に困っているか聞いていくと、障がいや疾患に特有のことではなく、「スケジュール管理」や「大事な情報がどれかわからない」といった、どの学生も同じようなことで困っていることが多いように感じます。

　すべての学生へわかりやすい情報提供をすることにより、障がいを持つ学生に対して特別な支援が不要になることもあります。自分も含めて教職員は毎年同じ業務を繰り返していると、こちらは知っていても、学生にとって初めての情報であることを忘れがちです。「この発信方法で、情報が必要な学生に届くか？」と、一度立ち止まって考えてみると、意外と学生の支援もスムーズになるかもしれません。

2．命や生活の危機に介入する

事例5　アパートから出ることができません"確認強迫の苦しみ"

【訪問支援】

　学生Hの様子を心配した教員からCSWrに相談があった。熱心に研究活動をしていたHが、遅刻や早退をするようになり、当初は就職活動で慌ただしいとの理由であったが、内定後も遅刻や早退を繰り返し、ここ2週間は休んでいるという。Hは電話で、

　「アパートから出ることができません。」

というものの、事情を聞いても教えてくれず、

　「申し訳ありません。」

と謝るばかりで、元気がないとのことであった。

　CSWrは緊急性を判断するために、Hと専門家が早期につながることが必要だと考え、

　「秘密を守ってくれる専門家に、事情を聞いてもらうのはどうか。」

　「あなたのことが心配なので、そうしてもらえると先生も安心だ。」

というような声掛けを教員からするなど、HがCSWrに連絡が取れるよう、働きかける方法について教員と話し合った。

〈確認強迫で苦しみ、危機に陥っていたH〉

　教員の働きかけで、HはCSWrに電話をかけてきた。

　「変な話なのですが……。」

と恐縮しながら、4ヵ月ほど前から何事も確認を繰り返すようになり、研究活動中もアパートの電源や戸締りが気になって見に行くようになったこと、2週間前からアパートから出ることができなくなり、非常食で食いつないでいることを語った。そして、

　「大学に行けず情けないが、自分ではどうしようもできない。」

95

と声を震わせ、眠れず気持ちも落ち込んでいるとのことであった。CSWrは、Hが確認強迫で苦しみ、強迫症状が重度化して二次的に抑うつ状態に陥っていると考え、積極的な介入が必要と判断し、

　「私が会いに行くことは可能なので、今は大学に来ることができなくても構わない。」
「生活にどんな支障が出ているのか、詳しく教えてもらいたい。」
と訪問支援を提案した。Hは、

　「心細かったので、来てもらえるとありがたい。」
と訪問を受け入れた。

〈初動期のアパート訪問〉

　Hの部屋は片付いていて、几帳面さがうかがえた。CSWrがアパートで一人耐え忍んでいたHを労うと、

　「自分がどうなってしまうのか怖かった。」
とHは泣き出した。Hは、

　「自分のやっていることがばかばかしいので、教員や友人に知られることが恥ずかしい。」「家族は、私が何度も確認のために連絡をするので呆れている。」
とアパートで孤立していく未来を想像し、

　「もう卒業も就職も叶わない」
と考え、途方に暮れていたという。CSWrはHの生活状況を丁寧に聴き、困っていることや症状を一緒に整理して、うつ状態や不安の程度、自傷や自殺の可能性を確認した。また支障がなかった頃の生活や、今後の希望についても聴き、「早く研究に戻り卒業したい」「就職までに資格取得にチャレンジしたい」というHの気持ちを引き出し、強迫症状の仕組みと治療や支援について情報提供を行った。するとHは、

　「強迫症状を治したい。」
と更なる情報を求めてきた。

〈CSWrの支援のポイント〉

（1）危機介入のためのアウトリーチ支援（訪問支援）

　　症状が重症化すると大学生活に戻ることは困難となり、自殺のリスクも高まる。学生の居る場所へ積極的に出向いてつながりを強化し、生活状況の把握とリスク評価を行い、必要な支援につなげていく。

（2）生活空間で実態を捉えて行う動機づけ面接

　　生活の場へ行ってこそ、見えてくることがある。訪問支援では、生活と症状の関係性を詳しく把握して、アプローチができるため、学生は本来の生活を取り戻すことに目を向け、回復を目指す決意を早期に固められる。

（3）心理教育による回復意欲の維持向上

　　強迫症状の仕組みについて、学生と関係者に理解を促し、学生が有効な対処方法（暴露反応妨害法）に取り組めるよう働きかける。また関係者が学生の苦しみを理解し、ともに強迫行動の解消を試みる良好な関係を築いていく。

〈回復に向け意欲を保ったH〉

　その後Hは早期受診を希望し、理解者を増やすために、教員や家族に自分の状態を打ち明けた。CSWrは医療機関への情報提供書（紹介状）を準備し、教員や家族にも心理教育を行い、Hが安心して受診できるよう支援した。

　精神科を受診した結果、強迫性障害と診断され薬物療法が開始された。うつ状態からの回復を見計らい、認知行動療法（暴露反応妨害法）を取り入れるとし、主治医から、

「治療への導入が良好なので、認知行動療法を含む支援について、引き続きお願いしたい。」

と依頼があり、支援方針について協議した。

　Hはうつ状態から回復すると、強迫行為の記録をつける等ホームワークに取り組み、不安だから外出しないといった"回避行動"や家族にも確認するといった"巻きこみ"が、症状の悪化を招くことを理解し、認知行動療法に取り組んだ。Hは研究活動に復帰してからも、気になることがあると、周囲の人に確認するなどして他者

を巻き込んだ。巻き込まれた対象者（教員、キャリアカウンセラー、友人、家族）に協力を得て、Hが行動を確認してきても、それには応じず、良好な関係を保てるよう互いに確認行為には応えないことを話し合い、「微笑んで解散」という方法を取った。関係者が「気になるね。」とHの苦痛に理解を示しつつ、強迫行為の手伝いはしないことで、Hは疎外感を抱くことなく、強迫行為をやめることに取り組み続けた。

〈利用できる社会資源や支援方法〉

1．医療機関とのカンファレンス

2．教職員へのコンサルテーション

3．アウトリーチ支援（アパート訪問）

4．心理教育（疾病理解への支援）

5．精神科受診支援

6．認知行動療法（暴露反応妨害法）

7．家族支援

〈CSWr のつぶやき〉

　危機に陥っている学生のほとんどは、自主的に相談することがありません。そのため、既に学生とつながりのある人の協力を得て、学生が専門家につながるように支援しています。また危機の内容によっては、心理的アプローチだけでは解決できないこともあるため、学生と関係者をつなぎ、双方が安定して問題解決に向かえるよう調整しています。

　Hさんへの危機介入では、初動に訪問支援を行いましたが、いつも訪問支援が効果的かどうかは慎重に判断しています。学生の了承なしに生活空間に入り込むようなことはあってはならないし、知らない人が訪ねてくることに恐怖を抱き、住まいが安心できる場所ではなくなってしまうこともあります。少ない情報からさまざまなことを想定し、危機介入では訪問支援を含め、積極的に支援を届ける「アウトリ

ーチ支援」を取り入れています。

　CSWrは学生を「生活者」として捉える視点をもち、学生の「希望」や「人とな
り」を大切にして、支援を展開しています。Hさんは几帳面な人で、何事も作業が
丁寧で完成度が高く、周囲からの信頼も厚い人でした。こういったHさんの強みに
着目し、「早く研究に戻り卒業したい」「就職までに資格取得にチャレンジしたい」
という目標に向かって歩めるよう支えていきました。

　Hさんは、「教員や友人に変な人だと思われていないか」「家族は呆れて怒ってな
いか」などを気にしながらアパートに閉じこもっていましたし、確認行為に長期間
巻き込まれていた家族も疲弊していました。こういった苦しみへの配慮を忘れずに、
学生や家族を支えることも重要だと思います。

　Hさんは、関係者が寄り添う環境の中で回復への意欲を保ち、目標を達成してい
きました。諦めずに取り組み続け、
　「皆さんの笑顔が私のお守りです。」
と言葉を残してくれたHさんや、ともに取り組んでくれた関係者に感謝しています。

事例6　こんな人生なら終わればいい "自殺の危機"

【家族機能回復への支援】

　教員と学生Iの母親が一緒にCSWrを訪ねてきた。

　Iは積極的に研究活動をしていたかと思うと、しばらく休むということ
を繰り返し、就職が決まっていたが卒業研究は進まず留年したという。ま
た周囲との連絡を絶ってしまったので、母親がアパートを訪問したとのこ
とであった。

　Iは、祖父、父親、母親の4人家族。明るい性格で文武両道にすぐれ、学
校では人気者だったという。大学生活は、奨学金とアルバイトで生計を維
持してきた。3年生になってからは、やや興奮して近況を母親に報告して
くることがあり、研究活動では、深夜、休日も没頭することがある反面、
休みが続くことがあった。

　今回、母親がアパートの鍵を開けて入ると、日常生活の荒れ果てた様子
が目に入った。Iは布団の中にうずくまり、

　「帰ってくれ！」

と母親を拒んだという。母親は、

　「こんな状態になっているなんて……。気づいてやれなかった。」

と自分を責めた。

〈手紙に反応してくれたI〉

　CSWrは「多くの学生が親に心配かけまいと、何事もないように振る舞うもの」
と母親をいたわり、また、

　「このまま帰るのは心残りだ。」

という母親の気持ちを汲み取って、I宛の手紙（105頁参照）を用意した。手紙に
は、教員と母親がIを心配してCSWrを訪ねてきたこと、Iから話を聞きたいこと、
CSWrへの連絡方法、連絡が開通しない場合は、心配なので訪ねたいことを書いた。

　そして、母親は手紙を持って、もう一度アパートを目指した。母親からは、

「中には入れてくれなかったが、玄関先で手紙を渡すことができ、心配していることを伝えた。」

と報告があった。

　2日経ってもIの反応はなく、CSWrは「何が起こっているのか教えてほしい」「連絡を待っている」というような手紙を、アパートの玄関ドアに挟んできた。すると翌日、受付終了間際にIから電話がかかってきた。

〈自殺の危機介入〉

　CSWrが、

「電話をくれて、ありがとう。Iの話が聴きたかった。」

と伝えると、Iは、

「手紙をもらったので……。」

と弱々しい声だが話をしてくれ、

「気分の浮き沈みがあって、好調なときに勉強の遅れを取り戻していたが、研究は継続が必要なので、もう大学へ行っても意味がない。」

「お金がないのに留年してしまい母親に申し訳ない。」

とのことであった。CSWrは「意味がない」「申し訳ない」というIの言葉が気になり、死にたい気持ちがないかを確認した。Iは、

「あぁ。ありますね……。こんな人生なら終わればいい。」

とつぶやいた。

「苦しみを終わらせるために、自殺をしようとしたことがあるのか？」

とたずねると、首吊り自殺を考え、ロープを購入したことを打ち明けてくれた。CSWrは、

「ロープを私に預けてほしい。」

と申し出て、直ぐにIのアパートへ向かった。アパートに行くと、Iはロープを持って出てきてくれ、CSWrが、

「明日もIに会いたい。」

と伝えると、
「相談室に行きます。」
と予約を入れてくれた。

〈心理的視野狭窄から抜け出した初回面接〉

　Ｉは、幼少期から家庭内暴力（父親の支配）に苦しみ、高校生からリストカット、過量服薬、飛び降り自殺を企てるといった、自殺関連行動を繰り返していた。交際相手との別れ、留年、内定取り消し、経済的損失といった複数の喪失体験があり、うつ状態（双極性障害の疑い）に陥ったときの苦しみは、耐え難いものであった。また不眠を飲酒で紛らわす行為が、自殺のリスクをさらに高めていた。

　CSWrが、
「どんな人生なら生き続けたいか？」
とたずねると、Ｉは、
「『友人や教員と交流する』『研究を進める』『仕事に就く』『父親の支配から解放される』『奨学金を返済する』『料理や読書を楽しむ』といった、当たり前の生活を送りたい。」と語る一方、「気分が落ち込むと何もできなくなる。」
と諦めも語った。

　そこでCSWrは、うつ状態の背景にある疾病の可能性や神経伝達物質の働き、アルコールの影響について話をした。するとＩは、
「治療した方がいいですかね？」
と、受診して優先的にうつ状態の改善を図ることに気持ちが傾き、自殺が唯一の解決法ではないことに気付いた。

〈CSWrの支援のポイント〉
（1）目の前の援助対象（母親）を意識する

　　　Ｉへの支援の入り口は、拒絶されても何かせずにはいられない母親の気持ちを受け止め、Ｉへの手紙を託し、もう一度わが子に向き合えるよう母親を支えることから始める。

（2）タイミングを見極め自殺についての考えを聞く

　　Ⅰの語りをしっかりと受け止めることができたとき、率直に自殺についての考えを聞く。自殺について打ち明けられる人（CSWr）の登場は、Ⅰにとっての命綱になり得る。

（3）会う約束を重ね、苦しみを軽減する方法をともに考える

　　次に会う約束は、それまでは自殺をしないという約束につながる。苦しみを同定し、その問題解決の糸口を一緒に見出していく。Ⅰは「苦しみがなくなれば生きたい」のである。

（4）必要な機関や人へ確実につなげて関係性を強化する

　　自殺の危機について秘密にするといった約束はせず、協働支援体制を構築する。受診支援では、適切な医療機関を選び同行を申し出、医療スタッフに自殺のリスクについて明確に伝え、緊急対応に備えておく。

（5）機能不全家族への介入

　　Ⅰが生きていくためには、家族機能の回復が必要である。母親に必要な社会資源の情報を提供し、活用できるよう働きかける。互いに影響を与え合う家族システムを利用し、Ⅰの回復につなげていく。

〈利用できる社会資源や支援方法〉

1．アウトリーチ支援（アパート訪問、受診同行）

2．就職支援（学内キャリアカウンセラー、ハローワークとの連携）

3．配偶者暴力相談支援センター

4．自立支援医療費制度

5．奨学金制度（返還期限猶予）

6．WRAP（元気回復行動プラン）

7．家族療法

〈CSWrのつぶやき〉

　Iさんは大学進学を機に家を出たことに罪悪感を抱いていましたが、母親の力になりたいとも考えていました。また母親も夫の暴力に苦しんでいた自殺ハイリスク者でしたが、生活を豊かにしたいという思いがありました。

　CSWrは、Iさんと母親の生きてきた力を信じ、Iさんの危機は家族の変容の機会と捉え、家族機能を回復させながら、あらゆる社会資源を導入し、Iさんらが利用できるよう調整していきました。後にIさんは双極性障害と診断されたのですが、Iさんを疾病から理解するのではなく「生活者」として捉え、Iさんの考える幸福な人生にするための手立てを、ともに考えていきました。Iさんが、

　「生きていきます。」

と力強く言ってくれた日のことは、鮮明に覚えています。

　自殺の危機介入では、「苦しみを終わらせたい」という切実な思いをしっかりと受け止めることから始めています。これまで出会った自殺ハイリスク学生らは、自殺についての考えを聞かれると、苦しみを表出しつつも「苦しみがなくなれば生きたい」という思いを語ってくれました。

　しかし、自殺についての考えを聴くことが容易でない場合は、心理検査等のリスク評価ツールを使用し、対話のきっかけとすることも必要だと思います。

　また不幸にして学生の自殺が起こった場合は、事後対応も重要です。自殺の連鎖を食い止めるために、影響を受けた学生のもとに駆け付けることもあるでしょうし、精神的な苦痛に加え、法的及び行政上の諸手続きで途方に暮れる遺族への支援も想定されます。

　ですから、日頃のソーシャルワーク実践では、相談者が必要とする社会資源につなげていくために、さまざまな領域の情報を得て、各機関とのネットワークを構築しています。そっとしておいてほしいというニーズから、心のケア、法的問題を含めた情報提供まで、遺された学生や家族、教職員のニーズにあわせて、柔軟に応えられる存在でありたいと思っています。

母親に託した手紙（プライバシー保護のため一部改変）

○○○○様

はじめまして
学生相談室の今井と申します。

今日、○○先生とお母様が、○○さんを心配して、学生相談室にいらっしゃいました。
周囲の人と連絡を絶っていると聞き、私も○○さんのことが、心配になってきました。
何が起こっているのか、教えていただけませんか？
○○さんから、お話を聞きたいです。

まずは、連絡が開通することを願っています。
私の連絡先は、同封した「学生相談室のご案内」をご確認ください。

メールに何を書いてよいかお困りのときは、件名に氏名のみ、本文なしでも構いません。
連絡をいただけるだけでも助かります。

電話や来室の場合は、15時～17時の間にお願いします。
この時間帯は、待機しています。

○月○日まで連絡がないときは、心配なので、アパートを訪問しようと思っています。
会えなかった時は、手紙を玄関ドアに挟んで帰るので、回収してください。

いろいろ書きましたが、とにかく、何が起こっているのかわからないまま、○○さん
を一人にしておきたくありません。もし、苦しんでいるのなら、一人で抱え込むこと
は、もうやめてほしいです。

連絡を待っています。

　　　　　　　　　　　　　　　　　　　　　　○○○○年○月○日
　　　　　　　　　　　　　　　　　　　　　　　今　井　優　子

※実際の手紙は手書きです。

事例7　皆から嫌われているから……"幻聴の影響"

【精神科受診への葛藤に対する支援】

　学生Jの母親からCSWrに電話が入った。前年度の成績通知書が届き、修得単位数が少ない上に、

　「今期の履修登録がなく連絡もつかない。」

と大学事務から電話があったとのこと。親子間で連絡はついたものの、状況がつかめないため、母親はアパートを訪問するという。また親子で相談に来たいとの希望であった。CSWrは、アパートを訪問したら、Jの同意を得て電話をしてほしいこと、学業不振であることを開示できなかったJの気持ちを考え、問い詰めたり、無理に連れてきたりは避けることについて、母親と打ち合わせた。

　翌日、母親から電話があり、Jはひきこもり状態で、髪や髭が伸び、部屋は酒やインスタント食品の空き容器が散乱しているということで、まずは母親に身の回りの世話をしてもらうことにした。またCSWrは、電話でJに挨拶をして、母親と来室する意思を確認した。

〈ひきこもっていた理由〉

　翌日、Jと母親が来室し、身の回りを整えたことについて、ある程度話を聞いたところで、このまま親子揃って面接を続けるかを確認した。Jは、

　「一人がいい。」

ということで、母親には別室で待ってもらうことにした。

　Jとの面接で、大学に来なくなった理由について触れたところ、

　「皆から嫌われているから……。」

という発言があり、どうしてそう思うのかをたずねると、

　「『あの人、変だよね。』『どうせできない。』などと皆が言っている。」

ということで、CSWrは、そうした声が聞こえた時の不快な思いに耐えてきたこと

を労った。すると、Jはしくしくと泣き出し、

「授業に集中できなくなった。」

「なんだか落ち着かず、酒を飲んで、気分を紛らわしている。」

「アパートで過ごしていても、誰かに見られているようで怖い……。」

と語り出した。

〈聞こえる声についての対応〉

CSWrは「皆が言っている」ということについて、

「そのような悩みがある学生らに教えてもらっている。」

と前置きし、どんなときどのように聞こえるかを、詳しく聴いた。そしてJの訴え
が、幻覚や妄想であると推測がつき、統合失調症などの精神疾患が疑わしいこと、
アルコール摂取量から肝機能障害が懸念されることなどから、速やかに治療につな
ぐ必要があると判断した。

CSWrは、

「Jさんのことを知らない人が言っているのは不思議。」

「ストレスにさらされたり、アルコールの過剰摂取をしたりで、脳と体が疲れる
と、嫌な音や声が聞こえてくることがある。」

「心配なので脳や血液の検査を受けてほしい。」

というようなこと伝え、精神科と内科のある病院で診てもらうよう勧めた。Jは頷
きながらも、

「一人で病院に行くのは不安だ。」

と言うため、受診支援ができること、母親に理解を求め、助けてもらうことも可能
だと伝えた。以後、母親も面接に加わり、受診や修学上の選択肢について皆で話し
合った。

〈入院に対する葛藤〉

後日、Jは、情報提供書（紹介状）を持って、母親とともに受診した。

精神科医からCSWrに電話があり、

「肝機能の数値が悪いし、脳の検査や薬の調整もしたいので、入院してもらいたいが、本人が渋っている。」

「CSWr と話をしたがっているので、入院について話し合ってもらえないか。」

とのことであった。面接の時間を設け、J の気持ちを聞いたところ、

「病気だと思うようになって、嫌われているわけではないから、大学に行こうと思った。」「入院したら単位修得はできないだろうか。」

とのことであった。CSWr は「学びたい」という J の気持ちを汲み取りながら、一緒にシラバスを確認し、入院（講義の欠席）が単位修得に影響するというよりは、長引く思考低下の影響で、単位修得が困難になるのではと話し合った。そして J は、

「頭の中が騒がしいので、すっきりさせてから勉強したい。」

と入院治療を受けると決めた。

　入院当日は母親が付き添えず、CSWr が同行支援をした。入院中は面会に行き、安心して入院生活を送れるよう、また学生生活の見通しがつくよう支援した。

〈CSWr の支援のポイント〉

（1）相談利用について本人の意思を尊重する

　　　J のペースで相談利用ができるよう、母親に理解を求めたり、母親の同席を求めるかを J に確認したりし、J が尊重され安心できる環境で支援を開始する。

（2）幻聴が聞こえたときの気持ちに焦点を当てて、話を聴く

　　　幻覚や妄想に対しては、否定や同調をしない。病気の自覚がない場合でも、本人は「なんとなくおかしい」と感じていることがある。何が起こっているのか、不安な気持ちに寄り添い、J に安心をもたらす。

（3）学生の同意を得て、受診に至るまでの経緯を、医師に伝える

　　　幻覚や妄想は主観的な症状であるため、一見しただけではわからないことがある。初診の負担軽減を図りつつ早期治療にもつながるよう、情報提供書の準備や生活状態を把握している同行者を手配する。

（4）葛藤に寄り添い意思決定を支援する

　　　J が入院を渋ったのは、「学びたい」という自身の気持ちに気づいたからであ

る。Jが大切にしたいことを明確にして、情報を得ながら、選択肢のメリットやデメリットを整理する手助けをする。

（5）息の長い支援

　　入院から退院後の学生生活まで、さまざまな場面で起こる不安や葛藤に寄り添い、自立生活を応援する伴走者となる。卒業後の安心できる地域生活のために、地域の伴走者にバトンを引き継いでいく。

〈利用できる社会資源や支援方法〉

1. 受診、入退院、療養支援
2. アウトリーチ支援（外部専門機関への同行、入院中の面会）
3. SST（ソーシャルスキルトレーニング）
4. 精神科デイケア（休学中のリハビリとして）
5. 相談支援事業所（福祉サービスの利用に向けて）
6. 精神障害者保健福祉手帳
7. 家族支援

〈CSWr のつぶやき〉

　Jさんは幻聴の影響で危機に陥っていましたが、幻覚や妄想に支配される前であったこと、急激な体重増加やアルコールの過剰摂取があったことから、受診を切り出すことは比較的容易でした。しかし幻覚や妄想に支配され興奮などがあると、そう簡単にはいかなかったでしょう。自傷や他害の恐れがあるときは、地域の専門機関と連携して対応することも必要です。

　精神科病棟では、持ち物や行動範囲に制限がありました。Jさんの「どうして？」の疑問に対し、必要な説明がなされていない場合は、CSWrが権利擁護の担い手となり、Jさんが安心できる療養環境になるよう、病院のソーシャルワーカーと連携し、改善を図りました。Jさんは幻覚や妄想などの症状が治まると、

　「ゆっくり休んでいたい。」

と希望し、休学を選びました。休学中もつながりを保ち、薬の副作用で悩んだとき
は、薬を飲むことの不安を自らの言葉で医師に伝えられるよう、また納得して薬が
飲めるよう支援しました。医師との信頼関係なしに、薬を飲み続けることはできな
いでしょう。薬を飲むということは、信頼を飲むということでもあります。

　復学後、Jさんは、

　「一人暮らしや、大学生活を楽しみたい。」

と履修科目を限定し、自分のペースで単位修得を目指しました。安定した生活が続
いた後に、統合失調症の告知を受け、Jさんと家族は、周囲や自身の中にある偏見
に苦しんだこともありましたが、CSWrはそのような苦しみの一つひとつに共感し、
味方であり続けました。

　世の中には、統合失調症に対する差別や偏見をもつ人もいますが、Jさんがかけ
がえのない人として受け入れられて、地域の人たちと、ともに暮らしていくことを
願っています。

3．ソーシャルスキルトレーニング／グループワークの導入

事例8　攻撃的な態度で周囲が困った

【付き合い方やマナーの学習】

　学生Kは入学当初から「自分は障がい者なのだから支援されるのが当然だ。」という態度で、一方的な言い分をまくし立てていた。

　「（授業のことで）質問がある。」

といっては研究室に行き、

　「自分は障がい者だから……。」

と本題から外れた訴えを続け、教員が発言を止めようとすると、

　「教員は、学生の質問に対応するのは当然のことだ。」

と自分の都合を通そうとしていた。ノックもせず研究室のドアを開けて入って来て、延々と一方的な話を続けるという行動に、教員は疲弊し、恐怖すら感じるような状態であった。そして、

　「授業内容についての質問と言われたら、断ることもできないし、正直断りたいぐらい困っている。」

という教員からの相談があった。

〈攻撃的な態度の裏にある不安な気持ち〉

　ある日、Kは必須の実習科目の開始前にCSWrの面談室にやってきて、いつもの調子で、

　「嫌がらせをいう奴がいる。警察に通報してやる。自分は悪くない……」

と被害妄想的な発言を繰り返していた。一通り訴えを聞いたあと、授業の開始時間が近づいており、またCSWrは会議の予定があったので、このまま話を聞き続けることができない事情を説明し、授業を休んで休憩をするなら、このまま面談室を使ってもいいが、授業に参加するかどうかは、自分で決めるようにと伝えて退席した。

　Kは、結局は動かず、CSWrの帰りを待っていた。CSWrの顔を見るなり、

「おまえのせいで授業に参加できなかったから損害を被った。訴えてやる。」
と攻撃が始まった。CSWrはKが落ち着くのを待ち、

「さあ、これからどうしますか？　授業に参加しないなら、帰宅してもいいと思うけど、欠席したことをどうやって家族に説明しますか？」
と切り出した。Kは急に大人しくなって、

「うまく説明できないので、電話をしてほしい。」
と訴えた。このことがきっかけとなり、CSWrと家族との連携が始まった。

　家族との話で、入学前に別の大学を退学し、就職活動をしたが採用されず、アルバイトをするも長続きしなかった。追い詰められたKは「大学を出ていないからダメなんだ。」と考えるようになり、1年がかりで受験勉強をして入学をした。

　これまでの経緯に加え、本来はおだやかな性格だということ、アルバイトでのトラブルが続いたことで、クリニックの受診を勧められ、発達障害と診断されたということがわかった。Kは大学からやり直そうという考えであったようだが、

「再び大学を卒業できないことになれば、自分の未来はない。」
という焦りや不安をコントロールすることができず、自分の立場を守るために攻撃的になっているのではないか、とCSWrは見立て、支援を開始した。

〈がんばって入学した大学を卒業したいという思い〉

　登校した日は、ほぼ毎日、面談室に顔を見せることが習慣化し、スケジュールの確認や情報伝達などをすると同時に、その時々の思いを語るようになっていった。

「以前の大学では、何が何だかわからないうちに、退学に追い込まれてしまい、とても不本意だった。今度は絶対卒業したい。」
という思いにふれるようになった。

　しかし、人間関係のトラブルから、不本意に何度も道を断たれる、という経験のトラウマの影響は大きく、なかなか感情のコントロールができず、周囲との関係性が悪化し、窮地に立たされてしまうことが何度もあったが、学業に対しては極めて熱心に取り組み、卒業をあきらめることはなかった。

　気分が荒れたり、ふさぎ込んでしまう日もあったが、

「（勉強をしていて）『わかった！』という瞬間や、試験に合格したときはとてもうれしくて、そのためにがんばっているのだ。」
と語っていた。

〈教員の負担軽減と、ソーシャルスキルトレーニング〉

　Kが研究室にアポイントもなくやってきて、いつまでも居座ってしまうことを防ぐため、毎週15分の質問タイムを設定し、教科に関わる質問以外はしない、時間を守る、などのルールを決めた。

　どう対応したらよいか不安だという教員の希望で、質問タイムにはCSWrも立ち会い、話題がそれてしまうようなときは、
「ここでは、その話はしません。」
と指摘し、本題に戻れるよう促した。学生の質問に応えるのは教員の役目ではあるが、教員にも都合があるので、Kには教員が時間を作ってくれていることを説明し、お礼を言うよう勧めたが、なかなか言葉にできなかった。それでもCSWrは毎回丁寧に、
「先生、今日もありがとうございました。」
と言い続けた。そのうちKはCSWrのあいさつ時に、ペコリと頭を下げるようになった。最終学年を迎えるころには、攻撃的な態度をとることはなくなり、
「（CSWr）さんと話すと、癒されるなぁ〜。」
と言ってもらえるような関係になっていた。心配していたゼミ活動にも問題なく馴染んで、自主的に他のゼミ生の実験のためにサンプリングに協力するなど、協調する場面もみられた。

〈CSWrの支援のポイント〉

（１）CSWrが日常的な立ち寄り場となることで、本人の不安を軽減する

　　不安な気持ちのまま教員に会いにいくことを防ぐために、CSWrのところに立ち寄ることを習慣化するように工夫した。特に心理的な負担が大きいグループワークの授業の前には、CSWrに会ってから教室に向かうというルールにした。

（２）社会の常識を伝え、学べるようにする

「入室時にはノックをする」「あいさつをする」「（相手にも）それぞれの都合や事情がある」など、実際の場面で解説、実践し、よい関係を保つような付き合い方やマナーを学んでもらえるよう工夫した。

（3）教員の心理的負担を軽減する

質問タイムに立ち会う、教員からの伝達や確認事項を仲介するなど、障がい学生の対応に不安を感じている教員や場面において、積極的に介入し、教員の心理的負担が軽減するようにした。

（4）家族を支援しKの味方を増やす

家族もKの障がいを知ってから日が浅く、障がいに対する理解よりも、権利の主張や要求が先行し、K自身を混乱させていた。先行きの見通しが持てず不安であった家族を精神面で支えるために、学生相談室カウンセラーのカウンセリングを受けるよう促した。

カウンセラーとともに障がいの正しい理解を深めることで、家族の不安が軽減した。親子の関係が改善し、本人のよき理解者となった。体調の悪い日は送迎をしたり、ノートの整理を手伝ったり、また気分転換に外食や旅行に出かけるなど、家族しかできない方法で学生の日常を支えていた。

（5）学生の学ぶ権利を守る

「（勉強をしていて）『わかった！』という瞬間や試験に合格したときはとてもうれしくて、そのためにがんばっているのだ。」

という学生の「学ぶ権利」は、守られなければならない。

〈利用できる社会資源や支援方法〉

1．SST（ソーシャルスキルトレーニング）

2．教員との協働

3．家族支援

4．カウンセラー（心理職）との協働

5．権利擁護機能（学生の学ぶ権利の支援）

〈CSWrのつぶやき〉

　正直なところ、前半の 2 年間は K さんが学業を続け、大学を卒業するということは想像できませんでした。常に攻撃的な態度をとる K さんに対し戸惑いながらも、本学に入学するまでの経験を思うと、これ以上 K さんが傷つけられることのないように、「卒業」を目標にするというよりは、「納得して自分の意志で進路を決められるようになるまで、精一杯支えよう。」と覚悟を決めていました。

　卒業までには、CSWr も幾度となくターゲットになり、

「お前は、私の行動を制限する権利があるのか。訴えてやる。」

と何度怒鳴られたかしれません。これ以上 K さんを守り続けることは不可能かと思われるような出来事もありました。

　でも、K さんにとって、これまでの経験は納得できないことばかりで、これを消化するには、かなりの時間と労力を要したのでしょう。フラッシュバックに苦しみ、自分のことを理解しようとしない社会は、すべて「敵」であり、必死に戦っているように見えました。『どんな事情があったとしても、一般的には許しがたいこと』を、一つずつ解説し続けているうちに、落ち着きを取り戻し、学業が進んでいくことで自信を付け、どんどん頼もしくなっていく姿を見て、あらためて学生の可能性を信じることの大切さを実感しました。

　K さんに関わった教員も、K さんの変化と成長に驚き、一緒に卒業を喜べるようになっていました。

事例9　ひきこもりからの脱却

【自己肯定感を高める支援】

　学生Lは、入学当初、これから始まる一人暮らしや大学生活に期待を込めていた。しかし、1年生の5月からゼミの仲間と上手く関わることができないと、授業を休みがちになり、アパートにひきこもるようになる。ひきこもっている間は、

　「外に出るのが怖い。」

　「人と関わるのが怖い。」

との発言があり、心療内科を受診し薬が処方され、大学を休学することとなる。

　休学中は、精神的に少し安定してきたが、人と関わるのが怖いという気持ちは残っていた。CSWrは、Lは休学中であったが、他者との関わり方の練習のために、グループワークの参加を勧める。当初は欠席が多かったが、参加を重ねることで安心感を得ることができ、他の学生の意見を聴き、自分の意見を言えるようになった。グループワークで、自分の状況を客観視できるようになったことで、徐々に精神的に安定し、心療内科からの処方薬も減っていく。

　復学後は、不安を抱えながらであったが、グループワークで得た自信を糧に授業やゼミに出席し、接客業のバイトができるようになった。

〈母親との関係からくる自信のなさ〉

　Lは、母親とのこれまでの関係において、安定的に人と関わるということや、他者との関わり方、距離感の取り方が分からず、不安が大きくなり、不眠、不安、食欲不振、人間不信に陥っていた。母親は、支配的な傾向が強く、日常生活において母親の思うように幼少期からLをコントロールしていた。Lは、自分で考えて、判断し行動するという機会を奪われていたために、大学に入学し一人暮らしを始め、

自ら考え行動することができない自分に、自信を喪失していた。

　一時期「死んでもいい。」との発言があったため、心療内科を紹介し、安定剤や睡眠剤を処方してもらった。CSWrは、定期的に主治医と電話したり、心療内科を訪ねたり状況確認のための情報交換を行った。1年ほどアパートにひきこもっていた頃は、CSWrが定期的にアパートを訪ね、体調や睡眠、食事の状況を確認し、雑談を通し、Lとの信頼関係構築を意識した。

〈個別面談とグループワークの参加〉

　徐々にアパートから出ることができるようになった時期に、相談室での個別面談を再開し、これまでの辛かった体験や母親に対する気持ちの整理を行った。同時期、学内で行っているグループワークの参加を勧める。

　Lは当初、知らない学生と集まって話し合いをすることに、恐怖を感じるとのことで、欠席や途中退席が多かった。ただ、何度も参加を重ねることで、徐々に他の学生は自分にとって不利益な存在でないことや、他の学生の悩みを聴き共感できたことで、自分の意見が言えるようになる。

　グループワークは、参加している学生に無理強いをせず、安心感を提供できるように常に配慮している。ルールとして、

　①話したくないことは、話さなくてもよい（パスできる）

　②ここだけの話とする（個人的なことを他で言わない）

　③途中で退席できる

などを守ってもらっている。他の学生の「家族との関係がぎこちない」「いつも課題の提出期限に遅れてしまう」「ゼミ生との距離間が難しい」「サークルの苦手な先輩に食事に誘われ、断りたい」などの対応策を、みんなで考えることで、Lは、自分と他の学生を比較し、自分の状況を客観視できるようになっていった。

　グループワーク内で、学生同士の力動的な相互作用が働き、同じ立場にある学生の意見が、Lを大きく勇気づけたのであろう。

　グループワークの参加と並行して、個別面談も行っていた。並行することで、個別の抱えている課題の解決が、より促進される傾向がある。Lにとっても、グルー

プワークで気になったことや、上手くできたことなどを、個別面談でフィードバックしたことが、より気持ちの安定や自信につながったと思われる。

　Lは、グループワークへの参加で、

「自分の苦手なことが分かりました。」

「いろんな悩みを、仲間が一緒に考えてくれる、素敵な時間でした。」

「良い感じのときの自分を知れて、自分を好きになれました。」

「実生活に役立つテーマばかりで、自分が成長できました。」

と感想を述べている。

〈CSWrの支援のポイント〉

（1）継続的な個別面談

　　Lの、これまでの母親との関係から生じた辛さや不安を、傾聴するようにしていた。Lの感情の不安定さは一進一退で、不安が強くなった際は、いつでも受けとめられるようにしていた。

（2）診療内科との連携

　　不眠や不安感が強くなり、自殺願望がでてきたことから、心療内科を紹介した。受診後も主治医と定期的に情報交換を行い、大学との双方で、Lの状況を共有するようにしていた。

（3）父親との定期的な面談

　　母親との関係が悪かったこともあり、定期的に父親と面談を行い、Lの状況や今後の支援方法などについて確認していた。同時に、Lを支えている父親を励ますことも意識した。

（4）アウトリーチ

　　ひきこもっている間は、CSWrがLのアパートを訪ね、生活状況（食事や睡眠、家事、部屋の片づけなど）や精神状態の確認を行った。いつもより表情が良いなど、少しでも良い方向に状況の変化が見られたときは、そのことをLに言葉で伝え、褒めていた。

（5）グループワーク参加の勧め

精神状態が少し落ち着いた頃に、グループワークへの参加を勧めた。当初、Lはあまり乗り気ではなかったが、参加を重ねたことで自分の抱える課題の対応方法や、他の学生との関わり方などを学ぶことができ、自信につながった。

〈利用できる社会資源や支援方法〉

1．心療内科受診支援と連携

2．アウトリーチ（アパートへの訪問支援）

3．個別面談による本人の不安の解消

4．グループワークへの参加

5．父親との定期的な面談による家族支援

〈CSWrのつぶやき〉

　Lさんと最初に会ったときは、終始うつむき、声が小さく、大人しい学生という印象でした。こちらからの問いかけに対し、口数が少なく、自分の困り感を他人事のように感じているようで、どこか自信のなさがあり、常に周りを気にしていました。　個別面談を繰り返していく内に、高校生の頃から不登校があり、その頃から不安感や対人恐怖があったことが分かりました。Lさんの母親は、Lさんを自分のコントロール下に置き、Lさんが自分で物事を決める機会を奪っていました。Lさんに、今の感情の不安定さは、母親とのこれまでの関係が影響を受けている可能性が高いことを説明しても、当初のLさんにはその自覚はありませんでした。アパートにひきこもる直前に、

　「死んでもいい。」

との発言が出たため、心療内科へ紹介しましたが、薬の服用だけでは状況が改善していかないことを前提に、CSWrとして最大限時間を作り、丁寧にLさんと関わっていくことを決意しました。Lさんには、これまで安心して頼れる人がいなかったことが考えられたため、CSWrという立場であるが、Lさんに信頼、安心してもらえるような関わりを強く意識しました。

　CSWr がリーダーとなるグループワークへの参加は、L さんにとって、生きる力
を蓄える大きな転機になったと思います。他の学生の悩みを聞くことで、悩みがあ
るのは自分だけではないと理解し、他の学生が L さんの悩みを真剣に傾聴し、言葉
をかけてくれたことで、人との関わりにおける安心感と信頼感を体感できたと思い
ます。グループワークの場が安心できると感じた L さんは、自分の意見を言えるよ
うになり、自分に大きな自信を持つことができました。

　精神的に落ち着いた L さんは、その後復学し、他の学生と同じように授業やゼミ
を受講できるようになりました。突然一人で、好きなアーティストの海外ライブに
行ってきた、と報告を受けたときは、CSWr として驚きを隠せませんでしたが、自
分で判断し行動できるようになった L さんはだいぶたくましくなった、と感じ嬉し
かったです。再度ライブに行くためにと自らバイトを探し、授業の空き時間と週末
に働けるまでになり、自分の目標に向かって歩き始めたことは、CSWr としてじっ
くり関わることの重要性や、支援者だけでなく、同じ立場である学生同士の力の大
きさを感じることができました。

事例 10　悩みを分かち合える友だちが欲しい

【LGBTサークル参加への後押し】

学生MがCSWrの部屋を訪ねてきた。

「小さいころから自分の性について違和感があり、ＴＶやインターネット等の情報で、いろいろ調べてみたりしたが、多分、自分はゲイだと思う。今まで誰にも相談していなくて苦しかったが、大学に入ったら、自分と同じように感じている仲間と出会い、なんでも話せる友達を作りたいと考えていた。でも、大学で性的マイノリティを理解してもらえるのかどうかもわからないし、自分でもまだカミングアウトするかどうか悩んでいる。自分がどのように生きていけば良いのかを相談できるところはないかと探していたところ、この部屋の前にレインボーのシールが貼ってあったので相談に来た。」

と話した。Mは、就職活動や結婚等について漠然とした不安があったため、CSWrはMと一緒に考えるところから始め、一つひとつ整理していった。

〈Mの話を聞く〉

CSWrは、まずMに、

「よく訪ねてくれましたね。ありがとう。」

と労（ねぎら）ったあと、CSWrには守秘義務があることを説明し、MのことをMの同意を得ないで、他の人に話したり、勝手に行動したりすることはないので、安心して相談して欲しいと丁寧に説明した。するとMは、CSWrに詳しく話をしてくれた。

Mは、

「性的マイノリティの当事者の友達を作りたいので、サークル等の活動があれば、教えて欲しい。大学でカミングアウトして、自分と同じような悩みを持った人や、当事者といろんな話をしたり、いろんなところに出かけたりしたい。」

と話した。CSWrがMの話を傾聴していると、これまでの経緯や、今悩んでいるこ

121

とについても話しはじめた。

「自分がゲイだと知られないよう、今までずっと周りに嘘をつき続けてきた。例えば、好みのアーティストが性的マイノリティの当事者だったり、好きな漫画がゲイカップルのものだったりするのだが、周りの人にそれらを好きだと言うと、『どうしてそれが好きなの？』などと詮索されることを恐れ、好きでもない歌手を好きだと言ったり、読みたくもない漫画を友達から借りたりして、自分のすべてを隠し、嘘をつき続けてきた。

学校や家では、自分のセクシュアルの部分は抑え込んで暮らしてきたが、どこか人格が乖離していくような感じがしていた。だんだん、周りに嘘をついていることに良心の呵責が生じ、また自分のアイデンティティに対し、これ以上嘘をつき続けながら生きていくことに、苦しさを感じるようになった。

カミングアウトも考えたが、リスクを考えるとなかなか決心がつかず、悩んでいる。新しい大学生活や将来について、楽しいことを思い浮かべることもある反面、とても不安になることがある。」
と話した。

〈Mが自分の気持ちに気が付いて自分自身を理解する〉

CSWrは、Mの話を聞いているうちに、「ゲイの友達が欲しい」という希望の中に、さまざまな葛藤があることに気が付いた。性的マイノリティの当事者のサークルに参加し、当事者との交流をしたいという気持ちがある一方、カミングアウトすることへの不安も抱えていることが分かった。

CSWrは、Mにカミングアウトすることのメリットとデメリットについて、何回かに分けて話し合うことにした。Mの気持ちはその時々で揺れ動いているため、CSWrは、今すぐに決断する必要はないことや、いろいろなことを鑑みながら一緒に考えていこうと丁寧に説明していった。MはCSWrに、

「ありのままの自分を素直に言える友達が欲しい。友達を作る方法として、カミングアウトは一つと考えていた。」

「ゲイの友達がいると安心し、今まで隠してきたことが言えるようになると思う。」

と話していくうちに、だんだん自分の課題や希望が整理できるようになった。

〈ダイバーシティセンターとの連携〉

　並行して、CSWrは、性的マイノリティ当事者のサークルの有無も含めた情報を、キャンパス内にあるダイバーシティセンターで収集してみることをMに提案した。もちろんMが希望すれば、CSWrも一緒に情報収集をする旨を伝えたところ、M自身がダイバーシティセンターに赴くことは躊躇されるため、CSWrにも手伝って欲しいとのことだった。

　そこで、Mには、インターネット等で調べられる範囲の情報収集をしてもらい、CSWrは性的マイノリティ当事者のサークルのメンバーや活動内容等、知り得る範囲での情報を提供してほしいと、ダイバーシティセンターに問い合わせてみた。

　その結果、大学では非公認ではあるが、当事者サークルがあることが分かり、代表者を紹介してもらうことができた。CSWrは代表者に会って、サークルについて詳しく話を聞くことができた。

　CSWrはMにサークルについて報告したところ、詳しいことが分かったことを喜んでいた一方、自分が性的マイノリティであることを暴露されるのではないかという恐れがあるため、実名では参加したくないと話した。そこで、所属や名前は明かさなくても参加できることを告げると、恐る恐るではあるものの、参加したい気持ちは強いようで、

「ニックネームで参加してみようかな。」

と話し、次回サークルの日時や場所を確認していた。

〈学内の性的マイノリティ等に関するガイドラインの確認〉

　CSWrは、大学の性的マイノリティ等に関する対応ガイドラインの有無や内容について、

「この大学に、当該ガイドラインがあるかないかや、あればあなたの意見も反映したいので、一緒に確認していこう。」

と、Mにもちかけてみた。早速、二人で調べてみたところ、ガイドラインはあった

ものの、「アウティング（本人の了解なしに公にすること）防止」についての記載が
ないことが分かった。

　偏見や差別的な意識を持って、公表されていない他者のセクシュアリティを勝手
に言いふらすような行為（アウティング）は、当事者にとって計り知れないほどの
ダメージがあるため、CSWrはガイドライン作成委員会に対し、アウティング防止
について取り入れるよう要望した。当事者を支援する「アライ（性的マイノリティ
の人たちを理解・支援する人たち）」についても記載し、誰もが自分らしくいられる
環境づくりに、組織全体で取り組んでいることを表明するよう依頼した。

　また、ハラスメント防止ガイドラインには、セクシュアル・ハラスメント防止の
中に、性的マイノリティに対するハラスメントについても記載するよう、大学に申
し入れた。

〈CSWrの支援のポイント〉
（1）カウンセリング
　　学生は、自分はゲイであるということを自覚したときから「人とは違う」と
　いう負い目をもっていた。ゲイであることを誰にも言えずに生きてきたが、人
　とは違うこの自分を認めてほしいという思いがあることを、CSWrと話す中で
　自覚していった。
　　大学生になって、仲間が欲しいと思うようになり、CSWrに相談したところ、
　ゲイであることを告白しても、CSWrは全く動じずに話を聞いてくれた。この
　ことに学生は勇気づけられ、これまで胸の奥底にしまってきた思いを、静かに
　聴いて受け止めてくれたCSWrの姿勢に、生きる望みを見出していった。
　　カウンセリングを受けている実感は学生にはないが、CSWrがカウンセリン
　グという方法を使うことで、学生自身が真の気持ちに気づき、受け止めていく
　ことができた。
（2）組織への働きかけ
　　これまでMは、大学が性的マイノリティの存在を認め、配慮されていると感
　じたことはなかった。しかし、当事者である学生が声を上げたことをきっかけ

に、それを逃さずCSWrとして組織への働きかけを行った。たとえばハラスメント防止対策として、「ハラスメント防止ガイドライン」のセクシュアル・ハラスメント防止に関する項に、性的マイノリティへの配慮を入れるように依頼した。こうした学生一人の声を、一人だけの声と捉えず、声を出せない学生が埋もれずに、存在を主張できる環境づくりが大切だと認識し、活動している。

（3）グループ（仲間）作り

　仲間が欲しいと思っても、どんなにSNSが発展しても、カミングアウトしない限りは仲間ができない。そんな状態に苦しみ、CSWrに相談があった。カミングアウトによって、孤立することや軽蔑されること、無視され、誰からも受け入れられないことを、学生は想像し、不安しか抱けなかった。

　本当は、そういう不安を相談したい、受け止めて欲しいから、仲間が欲しいと思っている。そのことを十分理解するからこそ、グループ作りのサポートを行った。そして、グループ作りという活動によって、温かい人との出会いで癒され、さまざまな人と語り合うことで成長し、自信にもつながっていったのである。

〈利用できる社会資源や支援方法〉

1．性的マイノリティ等に関する対応ガイドライン

2．ハラスメント防止ガイドラインの改定提案

3．ダイバーシティセンターとの連携

4．性的マイノリティ当事者サークル

〈CSWrのつぶやき〉

　最初は、Mさんの生き方の悩みや、性的マイノリティの当事者サークル活動への参加希望でしたが、丁寧に話を聞いていくうちに、Mさんの奥深い悩みが出てきました。性的マイノリティであるという、自らの存在を認めて欲しい気持ちだけでなく、これまでの人生でたくさんの嘘をつき続けてきたけれども、嘘をつくことにも

う耐えられなくなり、苦しんでいるということが吐き出されました。

　ゲイの友達が欲しいという願いもありますが、そこまでの過程にある、Mさんの今まで誰にも言えなかった苦しみが語られました。

　セクシュアリティはMさん自身を構成する要素の一つであり、Mさんにとって重要なアイデンティティの一つでもあると思います。今まで誰にも相談できなかったことを、大学に入り、CSWrに打ち明けたことはMさんにとって、初めての体験となりました。こうした自らの課題に、Mさん自身が立ち向かったことに敬意を払います。Mさんが周りにカミングアウトできるのかどうか、そしてゲイの友だちを作ることができるのかどうかは、まだわかりませんが、Mさんの気持ちを優先し、Mさんの最大限の利益になるよう支援していきたいと思います。

　大学では皆が多様であることを前提に、CSWrは制度設計に関与したり、資源と連携したりすることが必要です。少数派である価値は、集団の中で見逃されやすいものですが、その価値を発見し、一人ひとりの能力が発揮できるようにすることがCSWrの仕事です。その人らしく存在できる環境を当事者と一緒に作り、多様性を認めるキャンパスづくりを目指しています。

第6章　事例に見る学生の困りごと　2

4．相談体制の組織づくりやマネジメント

事例 11　学費が払えない、どうしよう

【社会福祉協議会の貸付制度】

　学生Nの保証人宛てに学費の請求が出されたが、支払い期日を5ヵ月過ぎても支払いがなかった。大学の経理事務から督促の連絡をしても振り込まれず、8ヵ月が過ぎた頃、母親から経理担当者へ連絡があった。

　「Nの父親が難病に罹り、仕事を休んだため給料が減り、医療費の出費も多く、学費に回せるお金がない。Nに心配させたくないので何も話していない。とにかく大学を卒業させたいから、一人暮らしの息子には、この電話の内容も知らせないで欲しい。」

と。経理担当者は、大学には学費の支払い猶予期間があることや、学生に対しての大学で実施しているアルバイトの紹介制度を説明しても、母親は、

　「Nに話したくない。」

との返答が続いた。経理担当者は、学費の支払いができないままでは、除籍もあり得ることを説明し、本学のCSWrへの相談を勧めた。

〈母親が学生に協力を求めない本当の理由〉

　CSWrと母親がオンラインで相談することになった。母親は重い口を開いて、
「父親は遺伝性の難病に罹患し、療養に専念するしかなく、経済的な問題がある。Nは大学近くのアパートで一人暮らしをし、日本学生支援機構の奨学金を生活費にあて、残りは家族の生活費に回している。医療費も家のローンもあり、学費の支払

いが後回しになっている。Nに話して、アルバイト代を学費に回すなども考えられるが、大した金額にならないだろうし、結局Nは、自分の夢をあきらめて退学を考えることが予想される。」
と困り果てた様子で話した。CSWrが、

「なぜ、Nが退学を選択すると推測するのか？」
と尋ねると、母親は、

「大学生活が充実し、楽しく通ってはいるが、『高額な学費をありがとう』といつも言い、親に対して恐縮する様子を見せるから。」
と答えた。CSWrは、母親の回答に腑に落ちない感じを持ちながら、話を聴き続けた。そのうちに母親は、

「実は、父親の話をNにすると、罹患した病名を伝えることになり、その病名を調べれば、予後が悪いので家の生活が不自由になること、さらに遺伝的な病気だと知ると、Nが自分の将来を悲観することになるのが心配で言えない。」
と涙を流した。

〈CSWrの支援のポイント〉

（1）社会にある制度の活用による経済的支援

　　医療費の支払い支援として、高額療養費制度と指定難病医療費助成制度を紹介し、医療費の自己負担軽減を図る方法を伝え、手続きをサポートする。

（2）家計のまかない方を含む、実生活の経済立て直しの支援

　　学費の支払猶予期限等の学内制度を説明し、奨学金の使い方や医療費額が少なくなった際の家計のやりくりについて、金額を提示しながら母親と検討した。

（3）Nの成長と人を信じる力に気づき、生き方を支える

　　学費の未払いによる除籍問題や遺伝的な疾患への受け止め等は、Nの人生に関わることでもある。Nに伝えないで行動する限界と、伝える責任性について母親と話し合う。さらには、母親にとってNはあくまでも「わが子」であるが、別人格であり、N自身に考える機会を与える意味の重要性についても、考えてもらえるように母親に伝える。

（4）遺伝的な疾患に対する心理的なケア

　　遺伝的な疾患についてのNへの告知については、父親の主治医や病院のソーシャルワーカーと相談できることや、その準備を整えられることを伝える。

（5）大学のパンフレットに教育支援資金の貸付制度を紹介する

　　この度の学生のみならず、低所得のために学費の支払いの問題を抱える学生がいる。入学時から心配をしている学生も少なくないことから、奨学金のみならず、低所得者への支援を行う福祉的な貸付け制度を、大学パンフレットに載せて活用し、広く広報できるように、大学の担当者へ提案した。

〈CSWrとの相談後に、母親が示した決意とその後〉

母親は CSWr と相談し、以下のことを行った。

　まず、医療費軽減の手続きを行い、減額された出費を生活費に回し、奨学金はNのために使えるよう、本来の目的に戻す方向で進める。

　Nへ学費の支払いが厳しい実状を話し、家族の一員として協力してほしいことや、遺伝的な病気のことも話してみる。

　遺伝的な病気については、病院のソーシャルワーカーにも話を聞いて、家族会などの存在も確かめてみることを決断する。

　CSWrに話をしたことにより、父親に相談できないことで心細く、整理もつかずに困っていたが、CSWrという一緒に考える人の存在によって、Nを一人前の大人と扱う勇気ももて、歩む方向性が見えてきた。

　その後、Nはアルバイトの時間を増やし学費の支払いにあて、生活を切り詰めて学生生活を続けている。父親の病気については、積極的に情報を集めて真実を知る努力を始めたところである。CSWrは、母親からNを紹介してもらうことになり、支援の必要性を吟味していく。

〈利用できる社会資源や支援方法〉

1．病院のソーシャルワーカーとの連携（高額療養費制度、指定難病医療費助成制度、遺伝カウンセリング）

2．学内経理事務との連携（学費の減免制度、奨学金）

3．母親からNへ直接的な支援対象を変えていく

4．家計費のやりくりの検討

5．家族力動（家族内の人間関係）を考える

6．母親がNの自律の阻害要因の防止対応、Nの自律を目指す

〈CSWrのつぶやき〉

（1）相談室が活用されやすい環境をつくる

CSWrとして大学に入職して3年目です。それまで、ソーシャルワーカーが大学に配置されたことはありませんでしたが、教員から学生の相談を専門的に受けてくれる人が欲しいという要望が高まり、配置が決まったという経過がありました。

教員やカウンセラーから勧められて相談に来る学生や、自ら学生相談室へ来る学生は多いです。しかし、事務職員から勧められてくる学生が少なかったので、CSWrは常に経理担当者と連携を密にし、授業料滞納から経済的困窮学生の存在をキャッチできるように工夫しています。

（2）母親の課題からNさんの支援へつなげる

今回の相談は、経済的なことということでしたが、問題の根底に家族の問題があります。母親との話の中に父親が登場してこないため、あえて聞くことはしませんでしたが、家族の中で父親の存在がどうなっているのかが気になりました。経済的なことをすべて母親が背負おうとするところに不自然さを感じながら、母親の話を聴いていました。母親には、Nさんに対する心配という真意がありました。

「父親の話をNにすると、遺伝的な病名を伝えることになり、Nが自分の将来を

悲観すると思うので言えない。」
というものでした。

　CSWrは、黙っていてもわかってしまうようなことを隠し通そうと考える母親の頑なな姿勢に母親のつらさを感じましたが、大学は母親を対象とする相談室ではないので深く立ち入ることは避け、Nさんの支援につなげることを考えています。

（3）Nさんへの支援

　Nさんへの支援は、母親から伝えられた情報をNさん自身が判断し、選ぶ自由を入手することから始まりました。CSWrは、それこそがNさんの自律の支援だと考えました。学費支払いの課題を自らの力で改善したいと考えるNさんを、母親から紹介してもらうという形で会うようにしました。Nさんは、
　「自分のことを子ども扱いする母親をうっとうしく思い、他の学生のようにアルバイトや奨学金で学費を支払って、大学を卒業したい希望がある。」
と語りました。また、
　「父親の遺伝的な疾患について自分で調べてみたいし、父親とも話したい。そして情報を得たいので病院にも行きたい。」
と語り、そのとっかかりとして病院のソーシャルワーカーの紹介を希望したので、紹介をしました。その後も大学への登校の際にCSWrのところへ来て、
　「友人にも話したいと思うが、同情されるような気がして話が出来ずにいる。時々話を聴いて欲しい。」
と希望しています。

　Nさんが話をすることで進む道を決定する過程に数ヵ月ほどつき合いました。その後は、Nさんから相談は不要と言われ、支援が終了しました。

事例12　個別性を尊重する合理的配慮

【高次脳機能障害への支援】

　入学直後の学生Oから、障がい学生支援室（以下、支援室）のCSWrに相談がある。実は、Oとの関わりはこの時が初めてではなく、入学前に参加したオープンキャンパスにおいて、「事前相談」という形で相談を受けた経緯があった。その後の入試で正式に入学が決定したため、入学後のサポートについて具体的な相談がしたいということで、本人から改めて連絡が入る。

　Oは高校の時に発症した脳出血の影響により、高次脳機能障害の後遺症を負ったという。当初の相談では、

「短期記憶に障がいがある。」

「遂行機能（目標を定める、その目標を達成するための段取りを組む、段取り通りに行動する、といった一連の過程）の障がいにより、自立的な修学が行えるか不安。」

との訴えがあった。入学直後ということもあり、学生生活の全体像が把握できていない様子であったが、自らの障がい特性ゆえの困難に対して、大きな不安を抱えていた。

　CSWrはOの障がい特性や不安を聴き取った上で、講義が開始されるまでの間に、講義における配慮などの修学上の環境調整を行うことになる。

〈「大学生」を満喫したい〉

　Oは、高校2年生の時に脳出血を発症し、その後長い入院とリハビリ生活が続いていた。大学進学には迷いはあったものの、失われた高校生活を取り戻すかのように、「キャンパスライフを満喫したい。」という思いをもって、大学に進学することになる。

　大学生活のスタートに向け、講義内で生じる困難に対し、どのようなサポートが

必要になるか検討が始まる。

　まず、短期記憶の困難に対しては、講義内容の理解やノートの作成で困難が生じる可能性があるとのことで、ＩＣレコーダーによる録音の許可、黒板撮影の許可、パワーポイント利用時の資料配布などを、講義担当教員に依頼することになる。また、口頭で伝えられる試験や課題の情報が抜け落ちてしまう可能性があるため、重要な講義情報についてはプリントや板書で伝達してもらうようお願いをすることになった。

　さらに、遂行機能障害による困難を補うため、支援室による定期面談を行うこと、その面談において課題の提出状況や講義情報を整理することになる。

〈学生生活のその後〉

　講義開始後の定期面談では、習慣化しやすい事柄は適応しやすいものの、イレギュラーな情報については抜け落ちてしまうことが多く、結果的に重要な試験が受けられないといった問題が確認された。

　このため、CSWrとともに講義に関わる情報を一括で管理できるよう、専用の講義情報一覧表（チェックシート）を作成し、随時情報を蓄積していけるような工夫をすることになる。

　講義開始後は不安と緊張の中で大学生活を送っていたため、面談時には、
「今の生活を４年間続けることは難しいかもしれない。」
と心身の負担の大きさをうかがわせるような話をすることもあったが、１年生の前期の講義が終わるころには、自分自身の学生生活のスタイルがある程度定着していった。

〈CSWrの支援のポイント〉

（１）障がいの理解促進に関わる支援

　　高次脳機能障害は、いまだ社会的認知度が低く、学内の環境調整においても、教職員への正しい情報の周知、理解の促進に力を注ぐ必要があった。講義の配慮に関する教員への依頼文書についても、単に「記憶の障がいや遂行機能の障

がいがある」と記載しても、どのような場面で困難が生じるのかが想像しづらいため、「習慣化した事柄に取り組むことはできるが、課題提出日や提出方法の変更などの、イレギュラーな状況を理解、記憶することが特に苦手」といったように、想定される場面を具体的に記載することにした。

　また、特に関わりの深い学科の教員に対しては、公的な機関が発行するガイドブックを配布し、障がいに対して理解を深めてもらうような工夫を行った。

（2）相談へのアクセスのしやすさ

　障がいの特性上、「確認すべきことを忘れてしまう」「忘れやすい自身の傾向への認識が薄れてしまう」といった様子が見られたため、入学当初は支援室との面談を定期的に行うとともに、分からないことや困ったことがあれば、その都度、相談ができるよう、チャット機能を活用し、リアルタイムにCSWrと困りごとを共有することにした。

（3）フォーマルな支援に限らないサポート

　友人関係が順調に築けたことにより、大学における公式な支援に加え、友人からの情報の補完といった、それ以外のサポートがあったことも学生生活の大きな助けになった。友人との関係においては、高校時代にOと支援者が共同で作成した、自身の障がい状況や困りごとが生じる場面をまとめた手作りの冊子を活用し、より身近な友人にそれを渡すような工夫を行った。

　障がいの開示の方法やタイミングについては、慎重な検討が必要になるものの、その部分でCSWrが助言を行うことで対応していた。

（4）在学から卒業に向けて

　うつ症状といった精神的な不調に悩まされる時期はあったものの、その都度CSWrや学科の教員などと相談しながら、履修ペースの修正を行ったり、講義内での配慮の内容を再検討したりする機会を設けた。

　そして3年生に上がった頃からは、卒業後の進路について相談する機会が増えていった。

　「自分の今の状態で、働くことができるのか。」

　「大学では配慮が受けられたものの、社会人になったら、もっと自立的に生活

できないといけない。」

と、当初は不安とともに焦りを口にすることが多かった。また、このような不安の高まりもあって、この時期は精神的にも不安定になることが多く、なかなか進路についての検討が進まない状況が続いた。

　3年時の後半になり、Oとキャリア支援の担当職員、CSWrで話し合いの時間を設け、卒業後の進路について改めて方向性の確認をすることになる。この面談で、CSWrから障がい者枠による就職の可能性や、支援機関の利用について提案し、そのなかから選択肢を探ることにした。

　この面談を経て、まずOが興味を示した障害者職業センターにおける職業アセスメントに参加し、自分自身の職業適性の把握や、現状の職業スキルの確認を行うことになった。結果的にこれが良いきっかけとなり、自身の障がいに対する理解をさらに深める機会となったようで、その後学内で行われた企業説明会に参加し、そこで出会った企業に障がい者雇用の形で就職することになる。

　とはいえ、就職に向けての不安は非常に高く、また企業側との配慮の調整は自身の力だけでは難しいとのことで、キャリア支援の担当職員、CSWr、市町村障害者就労支援センターの協力を得ながら、入職までの間に就職先の担当者と数回話し合いの機会を設け、入職後の配慮の調整や支援体制について確認の時間を設けることになった。そして、入職後は当面の間、ジョブコーチ（障がい者の円滑な職場適応を支える支援者）による支援を受けることになり、大学による支援が終結することになる。

〈利用できる社会資源や支援方法〉
1．高次脳機能障害に関する啓発活動
2．授業担当教員との配慮の調整
3．障害者職業センター（都道府県）/ 市町村障害者就労支援センター
4．ジョブコーチ（職場適応援助者）
5．障がいの受容とエンパワメント

〈CSWr のつぶやき〉

（1）事例の積み重ね

　事例の中で取り上げた「手作りの冊子」は、他の学生の支援でも、この冊子の内容を参考に障がい開示の検討を行ったことがあります。一人の学生の支援にとどまらず、さまざまな事例の積み重ねの中で、より充実した支援につなげていくことも重要だと考えています。

（2）学生の自己実現を支える

　このケースでは、「大学生活を満喫したい。」という学生の思いが語られましたが、CSWrは単に課題解決を目的に支援するわけではなく、学生の思いを受け止めつつ、その自己実現を支える形でサポートを行っています。

　Oは、順調に単位を積み重ね卒業が決まり、念願の就職という目標も叶えることができました。卒業して数年後、体調不良が原因で当初の就職先を退職することになりましたが、その報告の連絡の際も、

　「これまで働いてこられたので、少し休んだら就職活動を始めます。」

と前向きな語りが聞かれ、大学生活を含むさまざまな経験から、自信を深めていったのが印象的でした。数ヵ月後には「転職」の知らせが届き、今は安定して働いているようです。

事例13　セックスのことで頭がいっぱい

【性の研究会の立ち上げ】

　お昼ご飯を食べようとしていたCSWrのところに、電話での相談が入った。自分は男子学生であるが、名前や所属は言いたくないという。また、大学の相談案内に、何でも相談してよいと書いてあったが、本当にどのような相談でもいいか？　と念を押してくる。CSWrは、どのようなことでも一緒に考えたいと告げると、男子学生は言いにくそうに、性欲に関することだと話し始めた。

〈マスターベーションのし過ぎが心配〉

　匿名学生は、

「こんな相談で本当にすみません…なんか…性欲が…高ぶっていて…すごくオナニー癖がついてる。…自分は異常じゃないかと悩んでいます。」

と言った。CSWrは面喰ったが、

「自慰行為をたくさんしてしまうということがお悩みでよろしいですか？」

と確認すると、学生は、

「はい。本当はセックスしたいんですけど…。」

と言いしばらく沈黙した。

　相談内容を要約すると、以下のようになる。学生は、大学生活が始まってから一人暮らしを始めた。これまでもセックスに興味はあったが、実家で暮らしていたときは家族の目が気になって、時々留守番で独りのときに、スマホでアダルトサイトをみる程度だった。父親や母親からは、恋愛や性に関して興味を持つことは勉強の妨げになると言われ、恋愛ドラマも見ることができない厳格な家庭で育った。

　しかし、大学生活と同時に一人暮らしを始め、セックスへの興味が増大し、日がな一日セックスのことばかり考えるようになった。朝起きて、インターネットでアダルト動画を見て、マスターベーションをする。再び寝入り、また動画を見て自慰

をする。この繰り返しで1日が終わってしまうことが多くなった。友人関係を充実させたいと思ったが、自分から話しかけることができず、自分の世界を広げるようなサークルやアルバイトに参加できなかった。大学の授業は何とか出席しているが、自慰に耽る時間が多いせいで、課題の提出がギリギリになってしまうという状況が続いている。また、童貞であることに焦りを感じていて、誰でもいいからセックスをしてくれる相手が欲しいという。

　CSWrは、セックスのことを考えて興奮するのは正常な反応であり、たくさん自慰行為をする自分を責める必要はないこと、ただし自慰は清潔を保ち、プライベートが守られる場所で行うことが重要であること、そして大学の課題が提出できているのであれば問題ではなく、生活時間をどうしていきたいかを一緒に考えることができると伝えた。

　学生は、

　「これまでインターネット上で知らない人にアドバイスを求め回答をもらえたことがあったが、生身の人間から、意見を聞くことができて安心した。」

と言った。CSWrは、

　「ぜひまた一緒に考えましょう、いつでも連絡を下さい。」

と言い、学生は、

　「お願いします。」

と電話を切った。

　〈広がる欲望〉

　ふたたび匿名の電話相談があった。CSWrは、

　「この前セックスに関する相談をした方ですか？」

と確認した。声の主は、

　「はい。声で分かっちゃうんですね。」

と言った。CSWrが、

　「今日はどのようなご相談ですか？」

と尋ねると、学生は以下のことを話した。

　前回の相談後、マスターベーションに対する罪悪感は薄れた。自分は異常だと思っていたので、正常なことだと言ってもらえてすごく安心した。しかし、今度は自分の性に関する関心がおかしいのではないか、一生女性と付き合うことができないのではないかという不安がある。普通のセックスをしている動画では満足できなくなってきて、のぞきやレイプなどの動画を見るようになっている。このままでは、実際にのぞきをしてしまったり、レイプをするような人間になってしまうのではないかと心配である。しかし、そういう動画を見る欲望が抑えきれずに、夜な夜な見てしまい、自慰をしてしまう。こんな自分は犯罪者の予備軍であると思う。性衝動に抗（あらが）うことができない自分は、いつかはストーカーなどの犯罪もしてしまうのではないかという恐怖があると話した。

　CSWrは電話相談の限界を感じ、学生に会って話したいことを伝えた。学生は直接相談に行くことはできないと、かたくなであった。恥ずかしいし、電話では自分の顔を見られないから話せているという。CSWrは学生の意向を尊重するけれども、大切な相談だと思うので、対面で話したいことを伝え続けた。さらにCSWrは、セックスは相手との合意があり始めて成立することであり、大切な行為だと思ってくれたら嬉しいとも伝えた。また、匿名での電話相談ではサポートに限界があることも伝えた。学生は、対面相談の予約は取るが、名前を言うかは当日まで考えさせてほしいと言った。CSWrは了承し、予約を取った。当日、学生は名前を名乗って来室した。

〈一人の悩みはみんなの悩み〉

　CSWrは上記学生の悩みを通じ、大学生の中には、性に関する課題を抱えている者が一定数いるのではないかと感じた。一方で、数回の面談を重ねるにつれ、CSWrの見識では個別相談で対応していく限界も感じつつあった。性に関する相談窓口の利用について話し合ったりもしたが、学生は抵抗があるようだった。そこで、CSWrは様々な人が性について語り合えるオンラインイベント（研究会）の開催を思いついた。オンラインでニックネームで参加できるとあれば、他に似たような性の悩みを抱える学生の利益にもなる。それには性に関する専門家を招かなければならない。

性科学に詳しい医師の話も面白そうであるが、ゲストにはアダルトビデオを監督したことがある文筆家を招くことにした。大学生の関心が高いと踏んだからである。大学でセックスに関するイベントを開催することには否定的な声もあったが、CSWrによる学内調整で実施に漕ぎつけた。学内外から120名を超える参加者があった。もちろん、相談に訪れた学生も参加したようで、イベント参加後には「性の世界は深いんだなと思いました。」と清々しい顔で感想を話した。

〈CSWrの支援のポイント〉

（1）匿名相談の尊重

　　　学生は匿名での相談を希望した。基本的に大学内の相談窓口の利用対象は、在籍している学生か教職員、父母等に限っているため、匿名では相談できる権利があるのか否かの確認が困難である。しかし、匿名相談のニーズは性の悩みに限らずに一定数ある。これは、悩んでいる者の立場の側で考えれば当然のことである。CSWrは、相談者が不確定であっても、まずは相談を受けることにした。賛否両論あると思うが、このケースの場合、信頼関係を構築すれば顕名になる可能性を感じたため、対応した。

（2）対話

　　　性に関する電話相談には、いたずらと判別がつかないような場合もある。CSWrが女性の場合、その声を性的な対象として、相談者が邪険に扱われないことを悪用しているかのように思われる電話があるのも事実だ。「本当」の相談と、「いたずら」の相談。この区別はとても難しい。「いたずら」に思える相談だとしても、人と話したい希求があるために電話をかけてくることの心性を思えば、無下に電話を切ることも憚られる。CSWrには「よくこのような電話をかけてくるけど、人と話したいのですね。」と展開できる力量が求められる。本事例の場合、性に関する不安が顕著であり、生活・学業に支障をきたす可能性も感じられたため、ゆるやかに対面相談を促し続けた。

（3）性に関する勉強とネットワーク

　性の嗜好は人それぞれであり、他害に結びつかない限り、空想の中では尊重されるべきである。しかしながら、本人が性癖に関して苦しんでいる場合は、その苦しみがなぜ起こっているのかについて耳を傾ける態度が求められる。とはいえ、性の相談にのるにはCSWr自身の性に関する自己覚知をしておかなければ、不適切な対応につながってしまう恐れがある。本事例は男子学生からの相談であるが、男女に関わらず、からだの仕組みや、妊娠・避妊（緊急避妊薬を含む）、性感染症に関する知識を、CSWrが、そして対象学生がどのくらい持っているのかを確認しながら、科学的に性について話し合いを重ねる必要がある。筆者は性に関する相談で不快さを感じた場合は、信頼できるスーパーバイザーにその都度相談するようにしている。

〈利用できる社会資源や支援方法〉
1．保健福祉センターなど自治体の性に関する相談窓口
2．NPOなど民間の性に関する団体
3．医療機関

〈CSWrのつぶやき〉

　大学生は、恋愛や性愛を謳歌する者、関心はあるが実際の行動では何もしない者、関心がない者、様々です。恋愛や性に関する悩みは、友人同士で話せる場合もありますが、近しい人には話しにくいと感じる人も多いと思います。また、大学でも性に関する取り組みは様々です。昨今、自治体との連携で、大学が生理用品の配布をする例は多くみられるようになりましたが、コンドームの配布にはまだ大きな壁があるように思います。現に、日本では性教育について消極的です。CSWrも性に関する相談に向き合うトレーニングができていないことがあります。保管管理スタッフとともに大学内での性教育を推進する必要性を感じています。また、性被害の支援は多くの援助職が関心を持ち、研究会が開かれたりしていますが、性加害、加害

予備軍に対応する勉強機会はさほど多くありません。一つひとつの性の相談に向き合いながら、性犯罪被害者を出さないための仕組みに、CSWr も関わっていくべきだと考えています。

5．多様な価値観を大切にする大学づくり

事例 14　留学生をめぐる支援

ここでは２つの事例から留学生をめぐる支援について考えたいと思います。

> **【留学生に対する社会福祉制度の利用促進】**
>
> 　私費留学生Ｐの件で、教員が来談した。最初は授業にも熱心に参加していたＰだったが、最近は課題の提出が遅れがちで、欠席も増えてきたという。Ｐから色々相談を受けていたが抱えきれなくなってきた他の学生が教員に相談してきた。Ｐは現在は寮に住んでいるがなじめず、隣の人とも挨拶もできてないという。また経済的に厳しいのでアルバイトは休めない、と話しているらしい。教員が心配してＰに連絡しても応答がなく、対応に困っているという。

〈CSWrの支援のポイント〉

（１）留学生の労働時間の条件を考慮する

　　留学ビザで入国した外国人は、資格外活動許可を得ることで、授業期間中は週28時間以内、長期休業期間中は１日８時間以内のアルバイトに従事することができる。資格外活動許可を得ていなかったり、所定の時間を超えた場合には不法労働となってしまうため、学生指導上も配慮が必要である。

　　なお、在籍する大学との契約に基づいて、教育または研究を補助する活動（ティーチング・アシスタント（TA）、リサーチ・アシスタント（RA）、チューター等）を報酬を受けて行う場合は、資格外活動許可を受ける必要はない。

（２）多様な経済的支援制度の活用

　　新型コロナウィルス感染症の影響による経済情勢の変化により、生活福祉資金の緊急小口資金の貸付対象が拡大され、外国人留学生でアルバイトをしているものも利用できるようになった。新型コロナウィルス感染症対応休業支援金・

　給付金等も支給対象に含められた。このように社会情勢を反映して、外国人留学生でも利用できる経済的支援制度も一定程度あるため、常に最新情報を収集しておく必要がある。

〈教員のサポートと緊急小口資金の申請支援〉

　支援の視点を教員と共有したところ、次の学期からチューターとしての雇用を検討したいと話された。教員は粘り強くＰに連絡を取り続けた。授業料の納付が難しくなったことで、Ｐは教員に相談し、ともにCSW室にきた。

　Ｐは、親が重い病気にかかり、治療費がかさむため仕送りをしてもらえなくなったという。親を安心させるために、

　「大丈夫。」

と話しているが、生活が回らずに困っていた。しかし日本語ではうまく本心を表現できず、助けを求められなかった。

　同じ国からきた留学生の先輩が気にかけてくれたが、異性に「情けないこと」を言うことをためらい、うまく本音が言えなかった。寮でも自分から他寮生に声をかけられず、集団活動ではできるだけ目立たないように過ごしていたので友達が増えなかった。

　一人で悩んでいる間に抑うつ的になり、教員に合わせる顔がないとひきこもりがちになっていた。そこで勇気を出して一歩踏み出したことを労（ねぎら）いつつ、不法労働に至らずとも済むように、制度を適正に利用して生活を建て直すよう働きかけた。

　その後、Ｐが緊急小口資金の貸付を利用できるように、社会福祉協議会に同行し、申請を補佐した。また授業料を支払いつつ生計を維持できるように当面の家計管理を話し合ったほか、抑うつ的な気分の改善のために、医師や心理士に相談できるよう学内の保健管理センターへも同行した。

　やがて外出意欲も回復し、長期休業中にはそれなりのアルバイト収入を得ることもできた。少し先の見通しが立つようになったことで再び授業にも取り組めるようになったという。

　教員の提案によりＰがチューターとして採用された後は、後輩留学生の履修相談

にも乗るようになった。

　「暮らしに困ったときに自分では行き詰った思いがしていたが、相談してみて打開策を見つけた。教員やCSWrには気軽に相談したほうが良い。」
と体験談を熱心に話してくれるお陰で、留学生からのCSWrへの相談が増えるようになった。

【生活環境に馴染めない留学生】

　女子留学生Qは、その宗教的戒律ゆえに定期的な礼拝をしていた。学内で礼拝ができる場所がないことを相談されたCSWrは、学生支援室内の相談ブースの一角を、礼拝のために提供するようになった。そのため毎日Qは支援室に立ち寄り、ついでに毎日の愚痴をこぼしていくようになった。

　最初のうちのQは熱心で意欲的な学生だった。しかし、そのうちにだんだんとつまらなそうな顔をしていることが増えてきた。大学に来ない日も増え、授業を休んでしまったせいで課題をこなすのも大変になってきたようだった。

　ちょっと来談して少しだけ立ち話をして帰っていくQを、CSWrは呼び止めてじっくりと話を聞いた。すると、Qは留学に色々な期待を込めていたことが分かった。日本の大学にキラキラした都会の生活を期待していたが、キャンパスがあるのは郊外の田園地帯で、毎日通っているうちにだんだん気持ちが滅入ってしまった。

　同じ専攻の同級生とは仲が悪いわけではないが、宗教に気を遣っているのかちょっと遠回しに接するような感じがして居心地が悪い。夏休みの交流イベントでは、自分が水着に抵抗感を示したら、そのせいで行き先が山間の避暑地になってしまって、なんだか心苦しかった。食べ物についても、気をまわしてくれているのはわかるけど、わざわざ、

　「この食べ物は食べても大丈夫？　何が入っているか読むね。」
と騒ぎ立てるのはやめてほしい。自分で調べられる範囲で確認しているから、そっとしておいてほしいのに。総じて、キャンパスの環境と、日本人学生の気の遣い方が、Qの居心地の悪さを作ってしまっているようだった。

〈CSWrの支援のポイント〉

多様性尊重は違いの理解から

「SDGs」の取り組みが重視されるのに合わせて、「多様性尊重」や「ダイバーシティ」というキーワードは広まりを見せている。しかし「多様性があってもよい」と考えることと、多様性を尊重していくこととの間には隔たりがある。

　多様性を尊重するためには、自分が先んじて気をまわして「相手に良かれと思う振る舞いをする」より先に、相手との対話が必要である。つまり、一人ひとりと向き合い、話し合いながら、どのような配慮が望ましいのか、話し合うことが必要である。

　日本人学生は、礼儀として「宗教の話はしない」と考えているのかもしれないが、多様性尊重のために、違いの理解のためのコミュニケーションを促す働きかけが有用だろう。

〈多文化共生イベントの企画〉

　CSWrは、留学生支援センターと相談して、多文化共生をテーマにしたイベントを企画した。地域連携のために定期的に大学の一角を開放した地域交流カフェイベントが行われていたため、そのイベントの一メニューと位置づけた。

　Qにも協力を仰いだところ、最初は乗り気ではなかったが、徐々に楽しむようになった。留学生、日本人学生らは、「サリーの着方」「ラマダーンの暮らし」「中国での子育て支援」「茶道体験」「書道に触れる」等、自由にテーマ設定をして、プレゼンテーションを行ったり、体験活動を提供したりした。地域住民からは大好評だった。

　イベントの継続開催を通じて、Qは気さくに自分のことを話し合える友だちが増えた。また他の学生から比較的家賃は安いがキャンパス周辺よりは発展している地域を紹介してもらい、転居した。転居後は近所に店が増えたとオシャレも楽しむようになり、礼拝時も友だちが待ってくれているからと笑顔で去っていくようになった。

〈利用できる社会資源や支援方法〉

1．応急小口資金制度

2．留学生支援センターとの連携

3．地域交流カフェイベント

4．多文化共生の理解を深める活動

5．多様性を尊重する土壌づくり

〈CSWrのつぶやき〉

　留学生が日本での生活に期待していることは、授業だけではありません。日本や留学先の地域文化に触れることや、学生同士の交流を楽しむこと、落ち着いた環境の中で修学すること等、さまざまな側面があります。

　多くの大学では、留学生支援を担当する部署が最初に学生本人の相談を受ける窓口となるでしょうが、CSWrのネットワーキング技術がその後の支援の充実につながります。

　地域には外国人支援を行う民間団体があるかもしれません。学生の悩みを「不適応」等と心理面に矮小化せず、学内外の関連機関と連携しながら活動していきたいものです。

　日本人学生は同調圧力の強い中で育ち、協調性を重視するあまり、差異を尊重するコミュニケーションが不得手なことがあります。そのような日本人学生への働きかけを、教員らと協働して企画することも考えていきたいです。

事例15　障がい者が働きたい大学を目指す

【障がい者の労働機会の充実】

　一般企業と同様に大学も、障がい者雇用が義務付けられている。本項では、大学に雇用されている障がい者を支援するCSWrの仕事について、職員Rの事例を通し紹介する。

　CSWrの勤務する大学には、教職員の子どもたちが通う事業所内保育所がある。10年ほど前に、この保育所内で障がい者雇用のための仕事内容を検討した際、「園児たちが、働く障がい者に対し、失礼なことを言って傷つけてしまうのでは」など、遠回しに子どもたちから障がいを有する職員を遠ざけようとする意見も出る中、保育園の主任保育士がこう言った。

　「この大学には、保育園も附属の中学、高校もある。大学生だけでなく、赤ちゃんからお年寄りまで、あらゆる年齢層の人々がいる。そして日本人だけでなく、外国人もいる。病気の人も、健康な人もいる。障がいのない人もある人もいる。色々な人が同じ大学というコミュニティの中で支え合い、助け合って、生活をしていくのだ、ということを子どもたちに肌で感じてもらうことができると思う。ぜひ、保育園のスタッフの一員として、一緒に仕事をしたい。」

　こうして、知的障がいのあるRを保育園で作業を行う、一人目の職員として迎えてくれることになった。

〈必要とされているという実感が本人の力を引き出す〉

大学内の保育園内で作業を担当することになったRは、今では10年を超えるベテラン職員の１人である。保育士からの信頼が厚いだけでなく、子どもたちもRを慕っている。ただ、Rの最初の数年間は困難の連続だった。そもそも10年前のRは、

「子どもが好きじゃない。」

と保育園での作業に難色を示した。それでもCSWrのアセスメントではRはその穏

やかな人柄や丁寧で正確な作業ぶりなど、保育園で業務を行う障がい者スタッフの一人目の作業員として最も適性があると思われた。

　そこで、CSWrと二人で保育園を訪問し、1日数時間の作業から業務を開始した。2人で園の門から玄関までの落ち葉を掃きながら、登園してくる子どもたちや保護者たちにあいさつをした。おもちゃを消毒して一つひとつ丁寧に拭き、保護者たちへのお便りを1枚ずつ折りたたんだ。どの作業も丁寧に取り組んだが、Rはなかなか保育園になじめずにいた。

　ある日、園庭の掃き掃除をしている途中で、Rの姿が見えなくなり、園内で探していると、建物の影で泣いているのを見つけた。（やはり嫌なのだろうか？　無理強いになっているだろうか？）CSWrの葛藤する日々が続いた。

　変化のきっかけは保育園内のスタッフからの声かけであった。Rの誕生日の翌日、出勤したRに若い保育士が、

　「Rさん、お誕生日おめでとうございます！」

と明るく声をかけてくれた。やがて、玄関の掃き掃除をするRに、子どもたちを連れて散歩に出かける保育士が、

　「ありがとうございます。行ってきまーす。」

と声をかけたりしてくれるようになると、Rも徐々に子どもたちに手を振ったり、

　「いってらっしゃい。」

と声をかけたりするようになった。Rは、保育園のスタッフの一人として受け入れてもらえている、という気持ちを持てたこと、自分が作業を通して子どもや保育士たちの役に立ち、感謝されたということがRの自信や、やりがいにつながっていったと、CSWrは考えている。

　今や、保育園で仕事をする障がい者スタッフも複数人となり、わからないことがあるとRを頼りにするほど、グループの中で頼もしい存在となっている。

〈CSWrの支援のポイント〉

（1）同じ職員でもある支援対象者

　　CSWrが所属する部署は、CSWrのほか10名以上の支援者と、障がい者雇用
で雇用されている職員で構成されている。ここでは、障がいがある職員の支援
のポイントを 3 点挙げる。

（2）支援対象者との関係を構成するさまざまな要素

　　CSWrは援助対象者と同じ大学の職員として、つまり同僚としてお互いの仕
事をしながら、「働く」ことを支援している。職場をマネジメントする立場とし
て、また支援「する側」としてでは違いがあるが、大学職員という枠組みでは
対等な一員である。一方で、雇用する側・される側という、使用者―労働者の
関係という力関係もあるため、全く対等な関係で支援を行うことが難しい場面
もある。

（3）支援者への適切な助言と情報提供

　　雇用された障がい者がその職場で長く定着できるかどうかは、職場内の支援
者の力量にかかっているといってもよい。支援者の中には、障がい者と関わる
仕事は初めてだ、という者もいる。こうした非専門職である支援者が、障がい
者の障がい特性を理解するだけではなく、個別の環境や性格、能力のアセスメ
ントをもとに、適切なかかわりを持つことができるようになるためには、対人
援助技能を備えたCSWrが支援者を支援することが効果的である。

　　また面談技術や作業分析のような援助技法だけではなく、障がい者の権利擁
護についての基本的な考え方を、折に触れて根気よく伝えていくことも必要で
ある。

（4）さまざまな障がい者観・職業観があることに関心を向ける

　　時には非専門職である支援者や他部署の職員、学生の、驚くような障がい者
観に触れることがある。大学という小さな地域社会の中で、障がいを有する職
員が働いているということを、どのように受け止めるのか、ということを話し
合うきっかけをつくり、お互いが働きやすい環境になるために何が必要か、と
いう課題を大学の構成員のできるだけ多くの人と共有する働きかけこそが、専
門職であるCSWrの役割の一つであると考える。

　　大学で学ぶ学生も卒業し、より大きな社会へ出たときに、障がい者とともに

働く場面にも当然遭遇する。今は健常者である職員も、今後障がい者になることだってあり得る。そのときに働きやすい環境で仕事ができるかどうかは、他人事ではない。CSWrは、学生と障がい者がともに働く機会を創出した。障がい者も大学生という同僚ができ、大学生の生活を知ることで、自らの大学という職場について知ることになった。

〈利用できる社会資源や支援方法〉
1．障害者職業カウンセラー
2．ジョブコーチ（職場適応援助者）
3．障害者職業生活相談員
4．就労移行支援事業所
5．特別支援学校

〈CSWrのつぶやき〉

　学生を主な支援対象とするCSWrと、ともに働く職員を支援対象とするCSWrの違いは、どんなところでしょうか。

　関わる期間の長さ、そして関わりの密度を考えてみました。一緒に働く職員が支援対象となる場合は、どちらかが退職するまで……ともすれば、10年を超える援助関係を継続することも少なくありません。最終的な支援目標は「安定した就労を継続すること」なのです。

　それは支援者であるCSWr自身の課題でもあり、障がいの有無にかかわらず、多くの働く人の目標や希望でもあります。実際にRさんをはじめ、CSWrが支援する職員でお互い勤続10年を超えた職員が何人かいますが、こうなるともはや支援対象者というよりも、長い期間にわたり、さまざまな困難を乗り越えてきた「戦友」とも思えるような感覚を持つこともあります。10年間の関わり、援助関係といっても、同じ密度の関わりが10年続くことはありません。面談を重ね、作業の現場で向かい合い、当事者以外の関係者にも連絡を取って密に関わり、当面の課題に取り組む期

間と、挨拶を交わしたり雑談をしたりしながら日々の様子を見守る程度の期間が、まだらに入り混じるような、濃淡のある関わりです。

　今後、さまざまな職場で、障がい者も労働者の一人として働いていることが当然となる社会の一つのモデルを、大学が既に担っていくことを紹介しました。現段階では、障がい者雇用率が注目されていますが、数字ではなく、働いているのは人だということを、CSWrとして大切にしながら、日々研鑽していきたいと思いました。

6．社会に踏み出す後押し

事例 16　大学は辞めるけど、就職もしたくない

【就労支援】

教員から、

「最近学生Sが来ていない。」

という連絡を受け、面談をすることになった。

「授業の内容が難しくなり、ついていくことに自信がなくなった。あらゆる興味がなくなり、教室に入ることができなくなって、大学に来ても図書館などで時間を過ごしている。」

とのことだった。

なかなか言葉が出てこない学生で、面談にはかなりの時間を費やした。教室に入れないような状況であっても、大学を辞めるという考えはなく、当初は関心がある授業だけでも継続しようという目標で、週一回のペースで定期面談を実施し応援していたが、学業からはどんどん遠ざかっていった。定期面談には必ずやってきたが、学業についての対策も今後の進路についての話も進まなかった。

次の学期を迎えるにあたり、CSWrは休学を提案した。休学期間中に今後の進路について検討していく約束をし、定期面談を継続した。他に相談できそうな人がいないだけでなく、相談する力さえ危うい学生だった。

〈やりたいことも、できることも、わからない〉

進路変更の検討をはじめる段階で、好きなこと、得意なこと、挑戦してみたいことなど、前向きな問いかけには、答えることができなかった。しかし不得意なことは「コミュニケーション」と答えた。確かに、対話をしていても沈黙が続くことが多く、コミュニケーションには課題があることは明確であったが、それ以前の課題として、そもそも話すべき事柄や自分の考えがないのではという懸念もあり、反応

を確かめながらの面談が続いた。

　趣味や好きなことをたずねても黙り込んでしまい、

　「お金と時間があったら、やってみたいことは何？」

との問いかけに、長い時間をかけて、

　「ひとりでスーパー銭湯に行きたい。」

と答えた。20歳の青年にしては幼すぎる希望だが、初めて口にした「自分の希望」だと受け止めた。

　やりたいことをじっくり考えることも、口にだすこともなかったSは、自分の適性や仕事を選んでいこうにも、まるで想像ができないという状態であると見立て、まずは前段階として、Sの「やりたい」ということをやってみる支援から始めることにした。

〈退学を前提とした休学〉

　学生自身が方向性を見い出せておらず、退学をしてしまうことで所属を失い、よりどころもなくなるという心細い状態では、退学をする決心すらできないことがある。学業不良で自信を喪失して自己肯定感が著しく低くなっているような場合、前向きな進路選択はできない。

　学生が次のステップに進むための力を蓄える期間を支えることも、CSWrの役割だと考えている。一部の学生を甘やかしているのではと思われるかもしれないが、退学せざるを得なくなった大学に対して、「続けることができなかった」ではなく、「大学を続けなくてもいい」という気持ちになって、自ら巣立っていってほしいと願うからである。

　Sのように相談する力も弱く、自分の考えを持つということに実感がないような学生は、次の相談支援機関につながるための期間と準備が必要であった。

〈CSWrの支援のポイント〉

（1）外部支援機関の情報収集と管理

　　普段から地域の支援機関との関係を良好にしておくことが重要である。最近

は就労移行支援事業所が増えているので、事業所ごとに特徴があることを知り、様子を把握しておく。常に新しい情報を収集し、その情報が適切に提供できるように準備をしておく。

（2）外部支援機関につなぐときのフォロー

　新しい環境への適応が苦手、コミュニケーション能力が低く、状況が伝わりにくい学生には、「最初の訪問に同行する」「事前に状況を説明しておくこともできる」などの支援方法を提案すると、多くの場合受け入れられるので、学生が困らないように連携協力体制を整えるようにする。

（3）並走期間をつくる（双方で支援する）

　連携協力体制を整えた上で、外部機関と並行して支援できる期間があることが望ましい。大学での面談も継続することで、外部機関での活動を共有しつつ、次のステップに移っていくことを応援しながら後押しできる。逆に先方にうまく適応できなかった場合も、またいっしょにやり直すことができる。外部機関を紹介して送り出すだけでは十分ではなく、学生が安心して挑戦できるような「見守り」が必要である。

（4）自分で決めたという実感が持てるよう支援する

　大学に進学することも、学部・学科を決めることも、自分の意志であったかどうかが明確でない学生は、少なくないと実感している。自分の意志を丁寧に確認しながら、自分で決めたという実感が持てるようになるまで支え、待つことが大切である。このプロセスがあることで意志に基づいた行動ができるようになる。

〈利用できる社会資源や支援方法〉

1．自分で決めたという実感が持てるよう支援（自己決定）
2．若者サポートステーション
3．ハローワーク
4．就労移行支援事業所
5．家族との連携

〈Sのその後〉

　休学したことで講義に出なくてもよくなり、欠席する後ろめたさから解放され、学業以外のことに関心が向くようになっていった。やがて、

「復学をする意志はないこと」「でもどんな仕事が自分にできるのか分からないし、働ける自信がないこと」などを少しずつ語り始めた。

　若者サポートステーションのプログラムに参加し、自己理解プログラムや職場見学をし、ハローワークで求人探しもした。やがて「手に職をつけたい」と考えるようになり職業訓練校に入ることを決め、退学した。休学期間は1年半に及んだが、自分で進路を決めて巣立っていった。

〈CSWr のつぶやき〉

　大学を続けることを断念している学生の支援を、どこまで続けるのかについては、悩ましい問題ではありますが、CSWrには一人の若者に出会い、関わったことに対する責任があると考えています。

　また、単位の取得ができない学生の修学支援をしていると、

「この支援は学生のためになっているのか、かえって学生を苦しめているのではないか。」

と葛藤することがあります。学生自身も、「大学を卒業したい」という思いと、「これ以上学業を続けていくことは無理だ」という現実との間で、日々揺れています。現実的な課題解決を試みながら、少しずつ自信をつけて、学業を続けていくことができる学生もいる一方で、Sさんのように退学していく学生もいます。どちらであっても、まずは学生自身が自分で目標を決めることを、丁寧に支えるよう心掛けています。

　大学に進学したものの、学力的にも特性的にも適応が困難になった学生に、大学に進学した経緯や思いを尋ねると、積極的な意思があったとはいえないケースが多いように思います。例えば、高校卒業時に就職活動をする準備が間に合わない、自信がないという状態で、

「推薦で大学に行けますよ。」
と言われ、大学進学することになったという流れです。むしろ、「大学に行ったらもっといい仕事に就けるのではないか」という期待も膨らみます。

　Ｓさんの場合もそうでした。決して言われるままではなく、それなりに決心をしていたはずなのに、その自覚がないという学生も多くいました。CSWr がＳさんの、「ひとりでスーパー銭湯にいきたい」というささやかな希望が実現できるように応援したことで、

「行ってきました。」
と嬉しそうな顔で報告をしたその日に、Ｓさんの顔つきが変わりました。これが支援の分岐点であったように思います。

　学業は問題なく進んでいても、卒業後の進路に向き合う段階で、進めなくなる学生もいます。「何がしたいのか。」と問われても、「自分には考えがないから、キャリアセンターには怖くていけなかった」「履歴書が書けないまま、誰にも相談できなかった」という学生に対しても、支援の方針は同じです。

　多くの場合「一般的な就職活動や方法」に縛られていて、自分のこととして捉えられておらず、他人と比較して劣っていることばかりに注目して、自信が持てず進めなくなっています。自分の進路は自分で決めるという自覚を持つことができれば、学生は自力で巣立っていくことを信じて、教職員は学生に向き合ってほしいと思います。

事例17　必ず儲かる、と言われて

【消費者トラブル救済】

「何でも相談」窓口を担当するCSWrのところに、

「友達から紹介された人から、必ず儲かる投資情報が入ったUSBを50万円の学生ローンを組んで購入した。本当にこんな大金を借りてしまって、返せるだろうか。」

と学生Tより相談があった。CSWrが状況を詳しく聞いてみると、

「すぐに決めないと、といわれて、引きずられるように学生ローン窓口へ連れていかれた。」「これでお金が儲かるならば、自分で負担している学費も支払えるので、その情報は知りたい。しかし学費のほかに50万円もローンを組むのは心配。」

という話であった。CSWrは「これは学内だけでなく学外機関と連携して至急の対応が必要になる」と判断し、さらに詳しくTより状況を聞いた。

〈「必ず儲かる情報」が知りたい理由〉

Tは、学費（約180万円／年）を自分で負担していた。そのため奨学金を利用した上で複数のアルバイトを掛け持ちし、学業との両立に苦労していた。そんな時、同様に学費を自分で支払っているクラスメートであり、数少ない大学でできた友人である学生Uより、

「実はこんな情報がある。」

と知り合いの人を紹介され、

「私もこれでどんどん稼ごうと思ってる。学費のために長い時間バイトしなくても済むし。」

と言われて信じたとのことである。Tのできるだけ効率よく学費を稼ぎたいという希望と、必ず儲かるUSBの情報がちょうどよく組み合わさった状況になり、CSWrからの、

「簡単に儲かる情報が販売されるというのは、あり得ないのでは？」
という問いに対しては半信半疑の状態であった。

〈CSWrの支援のポイント〉

（1）客観的な視点から状況を確認できるようにする

　　CSWrが「そんな話はおかしい」「騙されている」とすぐにTに伝えてしまう
と、Tはまた似たような話に騙されてしまうと感じた。T自身がこの話のリス
クを判断できるようになることが必要である。Tの当初の心配事は「50万円の
学生ローンがきちんと返せるのか」であったので、まずは「法テラス」へ学生
ローンの違法性がないかについて相談することをすすめた。

（2）学費を自分で負担している状況を整理する

　　利用している日本学生支援機構奨学金の増額によって学費の支払いが可能に
なるのではないかを検討した。ただし、増額は本人の返済額が増えることに直
結するので、返済可能な額を借り入れるよう日本学生支援機構ホームページの
返済例を参考に一緒に確認した。

（3）「友人関係」と「現実の問題」を考える

　　Tは、話せるクラスメートも多くない。投資USBを紹介してくれたUに対し
ても

　　「せっかくできた友だちが、自分のことを心配して紹介してくれた。」
と大変感謝している。友だちを疑いたくない気持ちがあっても、ここは「何か
おかしい」と思えるように、状況を確認できるように支援することを心掛けた。

〈疑いながらも法テラスへ〉

　　翌日、Tが法テラスへ相談に行くと、契約した「投資USB」による被害が多く出
ていることを聞かされた。法テラスのアドバイス通り、USB販売会社に契約の解消
を申し出ると、すぐに契約は解除され、学生ローンも解約することができた。

　　手続きを終えてCSWrのところに顔を出したTからは、

　　「法テラスに行って、初めて自分が騙されていると分かった。最初は50万円のロ

ーンを組んだことが心配だったが、そもそもおかしなものを買わされていたのだと
理解することができた。」と話していたのが印象的だった。

〈利用できる社会資源や支援方法〉

1．消費生活センター

2．法テラス

3．学内の法律相談

4．学内外の奨学金制度（学生の出身地／現住所の奨学金制度）

5．学生相談室との連携（友人関係について）

〈「何でも相談」窓口利用のきっかけ〉

　新入生オリエンテーションでは、「何でも相談」窓口担当者のCSWrが出席して、

「あれ、おかしいな、と思ったら、どんなことでもいいです。「何でも相談」窓口
へ聞きに来てください。」

と伝えていた。Tも、それを思い出して「まずは聞いてみよう」と来室したとのこ
とである。

　進学と同時に、初めて実家を離れて暮らすことになる大学生も多く、これまでは
毎日自宅へ帰って家族に相談していたことも、一人暮らしをしていると誰にも相談
できずにそのままになってしまい、時間がたって問題がこじれてしまうこともある。
「何でも相談」窓口では、講義の空き時間を利用して「それは講義を一日休んでも至
急に相談するべきこと」であるのか、「まずは情報収集をして、自分でできる解決方
法を探す」のか、一緒に考えることもできる。

〈その後の学内での注意喚起〉

　Tは、

「投資USBについてのWEBページはとても分かりやすく、おかしなところはなか
ったので安心して契約した。」

と話していた。学生にとっては、オンライン上で情報を収集するのは日常的なことで、体裁の整ったWEBページがあれば、その情報を信じてしまうことが多い。また、今回の勧誘がクラスメート同士で行われたことは、非常に大きな問題であるとCSWrは考えた。消費生活センター等から出された注意喚起によると、同様の被害が他の大学でも発生していることがわかったので、その情報を織り交ぜながら、各学科研究室を通して、「学生の投資USB購入トラブル増」「おかしいなと思ったら契約する前に誰かに相談」を掲示などで学内へ広報した。

　さらに学生だけでなく、教職員にも学生間にそのような問題が発生していることを伝え、日頃のかかわりの中で心配な学生がいれば伝えてほしい、という趣旨で広報を行った。

　また、この件だけでなく、学生が法律上の相談を必要とする場面が増えてきたことから、学内担当部署に働きかけ、大学顧問弁護士による「学生向け法律相談」の窓口を学内に設置した。大学の顧問弁護士であれば、学生のスケジュールに沿う形での相談も可能となった。その後学内での投資USBトラブルは確認されていない。

〈CSWrのつぶやき〉

（1）学生の想いを大事にする

　「儲かる情報が入ったUSBを50万円で購入」と聞くと、経済的に安定している状態のときは「そんなおかしな話はない」と冷静に判断できるかもしれません。

　しかし、学費の納入期日がせまり、アルバイトも大学の講義が忙しく思うようにできない、家族にお金のことでは相談できない、という学生が、

　「このUSBの情報さえ見れば、この後お金に困ることはない。」

　「学生証でローンが組める。」

　「友だちに紹介したら、10万円のキャッシュバック。」

といわれて紹介されたら、思わず飛びついてしまいたくなるのではないでしょうか。ここで、

　「そんな話があるわけない。」

　「騙されたあなたが悪い。」

と言ってしまっては、学生は自分で決めようと思う気持ちが否定されたと思うでしょう。今回はTが自分で出向いて法テラスで聞いたことをもとに「これはおかしい」と決めて自分で動けたことが解決につながっていきました。ただし、商品やサービスの購入をクーリングオフできる期間は決まっているため、その緊急性について相談を受けた側が知っておくことも求められます。

　2022年（令和4）4月から成人年齢が18歳に引き下がったことで大学生の契約に関するトラブルは増えると考えられます。今回対応したCSWrとして、「あれ、これはおかしいな」と学生が気付くきっかけとなる情報発信と、いざというときに、相談できる窓口を設置しておくことが大切だと感じました。

（2）学外の相談機関を紹介するとき

　問題解決には学外機関への相談が必要な場合、特に一人暮らしの学生は、学外機関へ同行しての支援も必要だと思っています。ただし、大学職員の立場で同行支援が難しいことも多くあります。

　その場合、少なくとも相談予約については学生と一緒に行います。電話で予約する場合は、その場面にCSWrも付き添います。オンラインでの予約が可能な場合も一緒に予約入力をして、その予約結果の画面と学外機関までの道のりをプリントアウトし，確実に到着できるように支援しています。そして、

　「学外機関を利用した結果をぜひ教えてほしい。」

とも伝えています。

　「ほかの学生が利用するときに参考にさせてほしいので、ぜひどんな場所だったか教えてほしい。」

と伝えると、ほとんどの学生が報告に来てくれます。それによって確実に相談につながったことも確認できますし、その後同様の事例があった場合に相談先の選択肢が増えることにもつながります。

7．大学運営への参画

事例 18　ハラスメントの相談をばらさないで

【ハラスメント防止出前研修の発案】

　大学のハラスメントに関する取り組みは、1990年代後半からセクシュアル・ハラスメントの防止対策に始まり、現在は、アカデミックハラスメント、パワー・ハラスメントなど多岐にわたるハラスメントの対応が行われている。特に、本稿で扱うアカデミックハラスメントでは、より教員とのやり取りが深まる大学院生の相談が多くなっている。

　まずアカデミックハラスメントの基本構造から確認すると、教員と学生との関係性において、教員は単位認定や卒業・修了認定等の学位の授与権を持っており、学生の進路に大きな決定権がある。つまり、教員は学生に対し圧倒的なパワーを持っている存在といえよう。

　また教員は、教育・研究活動の一環として、指導や注意の行い方にも一定の裁量がある。日々教員は、それぞれの学生の適性等を見ながら指導し、例えば、この学生はこのようなことが得意／苦手であるから、このように指導するのがよい等を考え、学生に接している。

　しかし、熱心な指導から常識を超えた課題量や長時間にわたる指導、厳しい言動が起こることがある。したがって、教員のある言動が、指導の範疇なのか、それとも行き過ぎた指導であるハラスメントであるか否かについては、教員側の主張の蓋然性が高く見積もられやすい。教員から学生への有形無形の評価は常態化しており、判断に慎重を要するのがアカデミックハラスメントの特徴の一つである。

　以下では、学生の来談を契機に、大学での新たなハラスメント防止の取り組み制度「研究室訪問型ハラスメント防止研修」（以下、訪問型研修）の設立に繋がったCSWrの実践例を紹介する。訪問型研修は、ハラスメント相談センター所属のCSWr

163

らが、個別の研究室に赴き、①ハラスメント防止に対する意識向上、②大学の相談と防止体制の周知を目的とする、アウトリーチ型の実践である。

〈学生Vの来談〉

　12月、修士課程1年のVさんがCSWrが所属するハラスメント相談センターを訪ねてきた。Vさんは、他の大学を卒業後、今年4月から今の大学院の研究室に入り、W先生の研究室に入ったとのことだった。

　Vさんは、CSWrに小さい声で話し始めた。

　「4月の輪講の際、指導教員のW先生の質問に答えられなかったことがありました。そのときに、みんなの前で、『前の大学で何を勉強してきたの？　2年で修了は無理。もう一度学部生からやり直した方が良いね。』などと言われました。」

　また、発表の資料の提出が遅れたときには、

　「『やる気のないやつに割く時間は、これ以上ない。』などと、大きな声で叱責されたこともあります。みんなの前で発表しないといけないときは、学校に行きたくないと思うこともあります。大声で叱責されると、委縮してしまって何もできず、本当に2年で修了できないのではないかと心配です。本気でそう言っているのか、自分で確かめるのは怖いので、W先生に話を聞いてほしい。」

と話した。そこで、CSWrがW先生と直接話をしても良いか尋ねてみたところ、Vさんは、

　「お願いします」

と言った。

〈W先生との面談〉

　CSWrは、さっそくW先生に連絡したところ、すぐに会って話をすることができた。CSWrがVさんの希望について話をすると、W先生はとても驚き、

　「Vさんにも、他の学生にも、同じように接しており、Vさんだけに厳しく言っているわけではない。研究を進めて、良い研究者になってほしいと期待しているから言っている。学生との間に信頼関係があると思うから、多少厳しいことも言うし、

やる気を出してもらいたいから発破をかけている。」
と話した。

　W先生としては、Vさんに対して全く悪意はなく、むしろVさんのために、良かれと思ってやっているとのことだった。また、

「私も学生の頃は、指導教員に厳しく叱られて育ったが、そのおかげでこれまでやってくることができたと思っている。私のような研究者なってほしいから、自分が教わったように指導しているだけだ。学生が厳しく指導されるのは当たり前のことだ。悪気がないのにハラスメントをしたように言う学生を、これからどうやって指導しろと言うんだ。」

と、語気を荒げて話した。W先生には、Vさんの気持ちに想像を巡らせることや、自分の指導方法を見直そうとする様子は全く感じられなかった。

〈ハラスメント相談センター内での検討と、研修案の作成〉
　CSWrは、他のハラスメント相談員と情報を共有し、どのように解決をサポートすればよいか、過去のケースも参照したところ、Vさんと同様の相談は、W先生以外にも今までもあったことがわかった。そこで、過去のケースを詳細に調べてみることにした。すると、「自分がされたような指導を、同じようにすることが良い教育である」「悪気がなければ厳しく指導しても良い」など、ハラスメントにつながりかねない指導方針を、強く持っている教員が複数キャンパス内にいることがわかった。そこで、ハラスメント防止の取り組みとして、ハラスメントの正しい知識や事例等を取り入れた効果的な研修を展開できる方法を模索した。

〈組織への働きかけ〉
　CSWrは、効果的な研修を行うには、どのような方法が適切か検討した。ハラスメントの特徴から、少人数で受講することが個別的な課題に対応しやすいと考えた。また、教員と学生が同じ場で受講することによって、研究室内の相互のチェック機能が働き、防止効果があると見通した。

　検討の結果、研究室への訪問型研修を企画した。まずは、訪問型研修が実効的に

行えるように、キャンパス内のハラスメント防止対策委員会で承認を得ることにした。CSWrは、学生、教員、職員が一堂に会するスタイルでの訪問型研修について、必要性を説明し提案した。

その結果、全学内で実施することが許可された。展開に至るまでに、デモンストレーションを実施し、プログラムの改善を行ったり、各学部の学部長や事務部長等と事前の打ち合わせをし、要望の聞き取りをした。そして、各学部の教授会で訪問型研修の実施に関するプレゼンテーションを行い、実施協力を呼びかけた。教員の考え方や研究室の習慣や文化の違いにより、必ずしもスムーズに研修を開催できないことを経験した。しかし、手間を惜しまずに研究室に働きかけ、一つでも多くの研究室で開催できるように地道に普及活動を行った。

研究室内で研修を実施した後には、場所を変えて20分程度、研究室内の教員らから感想や意見を聞く機会を設け懇談した。こうした短い時間でも理解が深まり、ハラスメントの防止に関する意識が芽生えることにつながった。

〈CSWrの支援のポイント〉
（1）相談対応
・Ｖさんの気持ちに寄り添い、現状を把握しながらＶさんの要望を聞いていく。
（2）資源の活用と連携
・保健管理室や学生相談室等の資源の情報提供をする。
・Ｖさんの希望に沿って情報共有の範囲を確認し連携する。
（3）センター内での検討
・一つのケースがあればそれは氷山の一角と考え、一つのケースで終わらせないよう、研究室で起こっている教員と学生の状況を考察。
・ハラスメントの正しい知識の習得、ハラスメント防止の意識の向上を全員に周知徹底させる目的。
・教員と学生が一堂に会し、参加できる研修案の作成。
（4）組織に対する働きかけ
・CSWrも参加しているハラスメント防止対策委員会で、研究室訪問型ハラスメ

ント防止研修を提案し承認を得る。

　　・デモンストレーションの実施。

　　・各教授会でプレゼンテーションを行い、協力を仰ぐ。

（5）予防的視点

　　・ハラスメントが起こってから対応するだけでなく、ハラスメントが起きない
　　　ようにするために、全員に正しい知識を習得してもらう。どういう言動がハ
　　　ラスメントに該当するのか、どういう関係性や環境でハラスメントが起こり
　　　やすいのかなど、理解を促しハラスメントを予防する。

〈利用できる社会資源や支援方法〉

１．ハラスメント防止対策委員会への協力（研修の承認）

２．教授会での、ハラスメント防止研修の実施必要性に関するプレゼンテ
　　ーション

３．学生と教員が、同時に受講できるハラスメント防止研修の開発

４．相談記録から過去の事例の調査

〈CSWrのつぶやき〉

　研究室訪問型研修は、「ハラスメントとは」というところから、詳しく説明してい
きます。少人数実施のため、一人ひとりと双方向的なやり取りをすることができる
ので、学生や教員の意見などを丁寧に聞くことが可能となります。

　直接CSWrとやり取りすることで、どういう人が相談に行くと話を聞いてくれる
のかがわかるため、ハラスメント相談センター来談への敷居（しきい）も低くなり、相談しや
すくなる効果があります。実際、研修実施後のアンケートでは、「ハラスメントにつ
いて詳しく知ることが出来て良かった」「ハラスメントのことを考える機会が出来て
よかった。これからも定期的にやってほしい」「教員と学生が一緒に受講することに
意味があると思った。これから教員は、ハラスメントへの意識をもって指導してく
れると思う」などの感想が多くあります。

　教員からは、「学生が社会に出ても必要な知識なので、今、学ぶ意義があると思った」「指導上、行き過ぎた言動を止めるための指針になった」との声がありました。一方、研修時間の確保が難しい研究室や、本研修の必要性等、協力および理解が得られない研究室も少なくありません。いかに確実に研修を実施していくかが、今後の課題でもあります。

　CSWrは、一つのケースを普遍化し、組織改善に繋げる役割があると思います。
「話を聞いてもらって、すっきりしました。」
と学生が心理的に満足して終結したとしても、根本的な環境改善がなされないままであれば、また同じことが起こることになります。防止的視点を広く持ち、一つひとつの相談に向き合うことが大切だと考えています。

事例19　問題をひとりで抱え込ませない

【交際相手のDVからの救出】
　ある日の保健室に、女子学生Xが手で顔を押さえながら飛び込んできた。保健室スタッフが対応し、押さえている手を顔から離すと瞼から出血し、目が開けられない状態だった。怪我の理由を聞くと、つきあっている男子学生Yと口げんかの末、殴られたという。保健室スタッフが殴られることはよくあることなのかと尋ねると、Xは、
　「時々。」
と答え、誰かに相談できているかと聞くと、
　「言いたくない。」
とうつむいた。保健室スタッフは、怪我の状態から眼球も心配であること、今日中に眼科へ行ってもらいたいので、親に連絡をすると伝えたところ、Xは、
　「病院には自分で行ける。親には話してほしくない。」
と拒否をした。保健室スタッフは、今回の怪我は警察沙汰にだってなりえる重大なことであり、どのように親に伝えるかも含めて相談室のCSWrに相談をしてみるのはどうかと勧めた。Xは親に伝える抵抗感からか、しぶしぶCSWrと会うことを了解した。保健室に到着したCSWrは、
　「大変だったね。保健室に来ることが出来て本当に良かった。親御さんに話したくないんだね、秘密にしたいことは秘密のままでも良いけれど、今、困っていることがあるなら一緒に考えたい。」
とXに伝えた。しばらく黙っていたXは、
　「どこから話していいかもわからない。」
と呟いた。
　「話せるところからどこからでも。」
とCSWrがいうと、Xは少しずつ話し始めた。

〈殴られてもつきあい続ける理由〉

　Xの話によると、つきあい始めてひと月ほどたった頃から、ささいなことでXがYに言い返したり、または他の予定を優先するとYは機嫌が悪くなった。また授業中やアルバイト中であってもLINEにすぐに返信をしないと拗ねて怒ってしまう。その度にXは話し合おうとするが、Yは対話が苦手で、言い負けそうになると手が出てしまうのだという。

　しかし、いつも殴られるわけではなく、また、ケンカの後はYが泣いて謝るため、ずるずると仲直りしてきた。

　親に相談したくない理由は何かとCSWrが尋ねると、

　「Yが自分の親から叱られたり責められたりするのが嫌だから。」

と答えた。

　「Yからの仕返しがあるようで怖いのか。」

と聞くと、そうではなく、

　「Yは父親から暴力を受けて育ってきており、中学の時に両親は離婚し、今も経済的に苦しく、アルバイトをしながら家計を助け、母親と妹を支えている。そして父親のことが大嫌いなのに父親と同じように暴力を振るう自分を『情けない。』とか『怖い。』と言う。」

とのことだった。Xは、

　「そのように苦しんでいるYを見捨てられない。」

と最後には泣きながら気持ちを明かしてくれた。

　CSWrは話してくれたことに感謝し、Xの優しさや自立心、そしてYの苦労を認めた上で、それでも暴力は認められないこと、この先は暴力を受け入れる方法ではなくて、受け入れない方法でお互いを大切にしていこうと語りかけ、今の状態は、「デートDV」であると、啓発パンフレットを手渡した。パンフレットを見たXは、

　「私たちみたい。」

と呟き、

　「本当はずっと誰かに相談したかったけれど、親や友人の反応が怖くて言えなかっ

た。親には自分で話してみる。」
と気持ちを決めることができた。

　CSWrはこれからもXと一緒に考えたいので、また話に来てほしい、Yにも学生相談室を紹介してほしいと伝えた。CSWrとの面談後、Xは自ら親へ連絡を入れた。CSWrは、その後の親の反応を想定し、ここまでの状況を学生課へ報告することについてXに了解をとった。

〈CSWrの支援のポイント〉

（1）学生の背後にある課題に気づく

　　殴られた学生を保護することだけが支援ではない。本人の困り感を丁寧に聴き取ることで背後にある課題に気づき、その後の問題解決に向かって何ができるのか考えていく。

（2）本人の自己決定や主体性を支える

　　学生が直面している不安や困難な状況を乗り越えられるように気持ちを支え、環境を調整する。本人が自ら問題解決に向かえるよう自己決定や主体性を支援する。

（3）学内外の支援の調整

　　「デートDV」の被害者の中には「家族や友人には言えない」と思い、一人で抱え込む場合がある。抱え込む理由はさまざまであるため、善悪を裁く態度ではなく共感的に聴き取り、本人の気持ちに寄り添いながら学外の支援機関（警察、弁護士、配偶者暴力相談支援センター、女性相談等）につなげていく必要がある。必要に応じて支援機関に同行する。

（4）大学の支援体制を強化する

　　殴られた学生の親からすれば、相手の学生への怒りや相手の親への責任追及はあって然るべきだろう。本人たちの気持ちを差し置いて双方の紛争につながる可能性もある。このような事例は保健室、相談室のみで抱え込むことなく学生課など大学組織の適切な部署と連携して対応していく必要がある。

〈事態の収束と学生の行動の変化〉

　その後、CSWrとの継続的な面談を経て、Xは自分の意見をはっきり伝えることの大切さを理解していった。Yは大学の指導、処分を受け、Xに対して真摯な謝罪が行われた。

　そしてXの紹介で学生相談室を訪れたYは、CSWrからDVに関わる相談機関や虐待のトラウマに対する治療を行っている病院を紹介され、母親とともに利用を開始した。YはDV加害者の会ともつながることで、これまでの自分の境遇やそれによって得てきた考え方をみつめていった。このような二人の変化によってXの親もYの謝罪を受け入れ、問題は徐々に解決に向かっていった。

　2年後、XはCSWrに、

「あの時は誰にも言えないと思っていた。もっと早くに相談すれば良かった。自分たちだけではデートDVから抜け出せなかったと思う。」

と言い、他にも同じような学生がいるかもしれないと、学内で有志を募りデートDVの予防啓発活動をしている。CSWrも「デートDV」の予防研修を提案し、毎年1回実施し続けている。

〈利用できる社会資源や支援方法〉

1．学内にある学生支援の部署やセンター（保健室、相談室、学生課など）

2．学外のDV相談機関（警察、配偶者暴力相談支援センター、女性相談センター、民間シェルター、病院、保健所センター、弁護士など）

3．本人・親に対する相談援助・関係調整

4．本人の意思決定の尊重

5．本人と周囲との相互作用による解決（ピアサポート）

6．人権擁護

7．修学環境の整備

8．組織を俯瞰する

〈CSWr のつぶやき〉

　思いが強いほど、自分の気持ちを相手にも周囲にも伝えることができないことがあります。この事例のXさんが、

「（親や友人に）言いたくない。」

と言う場面がありますが、これは誰にも心配や迷惑をかけたくないという自立心であると同時に、周囲から自身らの行動を責められるのではという「怖れ」でもあります。もちろん事例によっては相手からの仕返しが怖くて言えないこともあるかもしれません。

　DVの問題で苦しむ若者に出会うとき、彼らの未熟さを責めるのではなく、その背後にある苦しさに気づき、SOSを聞き取る努力をすることが大切です。受け入れられて初めて彼らは、誰かに相談する価値に気がつくことができます。

　「デートDV」には事例のような身体的な暴力以外にも、精神的な暴力、経済的な暴力、性的な暴力など外側から見えづらいものもあります。当事者である彼らに「SOSをだそう」と伝えるばかりではなく、大人もまた彼らの見えにくい「SOSに気づく」必要があります。

　事例のYさんは、自身の過去の虐待経験から人知れず苦しみ、それが日常生活において「暴力」となって現れています。彼の行動を責め、叱りつけることだけが教育機関での問題解決でしょうか。

　苦しさを受け止め、本人の成長と発達に寄与する働きかけが必要です。

　学生が周囲の力を借りながらも自分自身で課題を乗り越えた時、相互作用によって周囲にもまた変化が訪れます。

　私はCSWrの支援とは、学生を社会に適応させることではなく、学生自身が変化する力を支えること、変化しやすいような環境を整えることだと思っています。ひとりの学生の課題の背後には多くの学生の課題が存在します。

　CSWrはひとりでも多くの学生がつながりやすいように相談しやすい体制を創り、さまざまな情報を学内や社会に発信することで、問題の早期発見や予防に努めます。

事例20　研究室にゼミ生が来なくなった

【教職員への支援】

　もともと気弱で人付き合いが苦手な学生Zは、ゼミの発表の順番が近づいてきたころから欠席が増えた。やがて、ゼミだけでなく、他の講義にも出られなくなり、家に引きこもるようになっていった。

　みかねた父親が、教務支援課に電話で相談した。父親は、

　「指導教員が適切な指導をしていない。」

と訴えたため、教務支援課から学生相談室を紹介され、Zはカウンセリングを始めていた。一方で、教員からCSWrに、

　「ゼミ生が4人、研究室に来なくなっている。どうしたらいいだろうか？」

と相談があった。CSWrは、教員からの依頼で、研究室に来なくなった学生4人の個別面談を実施した。Z以外の3人は、翌週には面談に応じた。個別ではなく、3人いっしょにやってきて、

　「卒業はしたいが、研究室に行くことには抵抗がある。Zが研究室に来なくなったのに、何も言われていない。なのに自分たちへの風当たりは以前より強くなった。もともと希望した研究室ではないし、思い入れがあるわけではない。我慢してきたけれど、もう無理。卒業はしたいと思っているが、先生とは会えない。」

とのことだった。

〈学生への対応〉

　まず、それぞれの学生の卒業研究の継続方法について、学生の希望と教員の指導方針とをすり合わせた。学生は教員とは会いたくないという理由で、研究室の変更を希望したが、学部のルールや論文の提出期限までの日程などを考慮すると、現実的ではなかったので、教員から与えられた課題にそれぞれで取り組み、定期的な面会を実施し、継続して指導を受けることになった。学生には抵抗もあったようだが、

その面会にCSWrが立ち会うことで了承された。

　教員とZの面会のほかに、CSWrは定期面談を実施し、課題の進捗状況を確認し、卒業研究が計画的に進められるように支援をした。

　Zは一人で課題に取り組める状態ではなかったので、課題に取り組む時間と場を用意し見守った。専門的なアドバイスが必要な場合は、同じ学科の別の教員に仲介を依頼した。

〈教員への対応〉

　教員は、毎年のように研究室に来なくなる学生がいて、研究室運営や指導方法に自信が持てなくなっていた。

　「今までのやり方が通用しなくなっていることを実感していても、実際にどのように対応したらよいかもわからないし、自分としては気を使っているつもりなのに、どうしてだろう。半数近い学生がドロップアウトしてしまうことは避けたい。」といい、学生が卒業研究を終えることができるように協力をしてほしいとのことだった。

　4人の学生の対応には、CSWrと別の教員が仲介することによって、教員の心理的負担を軽減し、研究室運営に専念できた。

〈CSWrの支援のポイント〉

（1）普段から教職員との関係をよくしておく

　　普段から教職員との接点を大切にし、関係を構築しようとする心掛けが必要である。それぞれの教職員の立場や考えを理解しようとする姿勢と歩み寄りによって、お互いのことを理解することが、実際の学生支援の場面において助けになることを実感している。馴れ合いになるということではなく、身近な存在であるということである。

　　特に教員には、教員自身の相談ごとを引き受けてくれる窓口や相談相手は少ないようである。普段から雑談に来てもらいやすいような工夫や雰囲気は出しておくようにすると、雑談の中で「実は……」「ところで……」と本題が伝えら

れることが多い。まじめで誠実な教員が問題を抱え込んで、疲れ果ててしまわないような気配りも必要である。

（2）相談相手に選ばれるということの意味＝ソーシャルワーカーの専門性

　　ソーシャルワーカー倫理要綱前文に、「われわれソーシャルワーカーは、すべての人が人間としての尊厳を有し、価値ある存在であり、平等であることを深く認識する。われわれは平和を擁護し、社会正義、人権、集団的責任、多様性尊重および全人的存在の原理に則り、人々がつながりを実感できる社会への変革と社会的包摂の実現をめざす専門職であり、多様な人々や組織と協働することを言明する。」とある。

　　CSWrは、倫理に基づいたゆるぎない信念を持ち、仕事に就いている。ゆえに判断に困るような場面で意見を求められるということは多い。

（3）組織としての使命を理解し、全体を俯瞰する目を持つ

　　学生の個別支援に埋没してしまうと、孤立してしまう危険性がある。日ごろから学内全体を見渡し、学生の課題だけに注目するのではなく、どこにどのように働きかけることが有効であるかを、冷静に見極められるように準備をしておきたい。支援が困難なケースでは感情的な訴えや抵抗は通用せず、組織を納得させる理論と手段の用意が必要である。

〈利用できる社会資源や支援方法〉

1．教員を孤立させないよう関係性をよくする

2．教職員の相談窓口機能

3．アカデミックハラスメント

〈CSWrのつぶやき〉

　毎年トラブルが生じる研究室には、教員の対応に何らかの課題があると思われることが多いですが、同時に学生側の課題にも目を向ける必要があります。Zさんはコミュニケーション能力、ストレス耐性が低く、それまでも課題の締め切りや発表

などで準備が間に合わないようなことがあると、誰にも相談することなく逃避することがありました。就職活動もできておらず、ゼミ生の内定報告を聞く場面に居合わせることも辛かったようです。

　他の研究室にいても、同じような状況になっていたかもしれません。Ｚさん以外の３人の学生も、もともと卒業研究に積極的に取り組むつもりがなく、Ｚさんの状況に乗じて研究室に近づかなくなっていったようでした。研究室配属は不本意であったかもしれませんが、学生の怠慢も否めない状態でした。どちらが正しいとか正しくないということでは片づけられない、学生と教員の関係のかみ合わなさを感じました。だからこそ、双方を支援する必要があると考えました。

　学生支援の場面において「福祉的視点の欠如」を痛感する場面があります。特に福祉系の学部がない大学では、「平等」と「公平」の解釈すら共有できないことも少なくありません。一方で、障害者差別解消法の施行により、大学においても合理的配慮が義務化され、障がいのある学生への対応が必須となりました。経験のないことに対しては誰もが戸惑うわけで、障がいのある学生に対する配慮を検討し、教員に依頼する過程で、

　「ほかの学生が、どうしてあの子だけ？　と言ってきたときに、どう説明したらいいかわからない。説明ができないから引き受けられない。」
と言わせてしまってはなりません。

　「平等の意味」「障がい学生の学ぶ権利」「周囲の学生にとっても人権や多様性を学ぶ大切な機会であること」などを丁寧に解き、周囲の学生を納得させる言葉や方法をともに考えるという働きかけが必要でした。このような対話の一つひとつもソーシャルワークなのだと言い聞かせながら……。

　支援のポイントで述べたように、それぞれの職務が機能するためには、教職員のための支援も不可欠だと思っています。学内にその機能がないのであれば、教員の現実を知り、迷いや苦しさを理解し、寄り添い、支援することもCSWrの役割であることを実感しています。

　CSWrは、フォーマルな関係を支えるインフォーマルな付き合い、つまり仕事と

はあまり関係がないラフな対話ができる場面や、シチュエーションも、大切にできる専門職です。

第7章　キャンパスソーシャルワークの働きと
大学における有用性

　前章（第5章、第6章）では、多くのCSWrの実践例をみてきました。これらの実践例を踏まえて、大学におけるキャンパスソーシャルワークの相談支援の活動内容の意味や意義について、本章では整理していきます。

1．相談支援の始まり
（1）どこからでも相談が入る仕組み（保護する機能）
　多くの相談事例を概観してきましたが、相談の入り口には、さまざまな形があります。学生本人が自らCSWrのところへ来談する場合、父母等から職員に紹介されたと急に電話が転送されてくる場合、ゼミの担当教員が学生を心配して相談する場合、学生の窓口対応をした職員が同行してくる場合、保健管理センターの保健師から、どのように当該学生をCSWrにつなげられるか、と問い合わせがくる場合、また、高校の先生から大学入学前の高校生の入学後が心配だと相談が入る場合、地域の支援窓口から連絡がある場合もあります。どこから相談がくるのか、一つひとつ入り口を上げれば、さまざまあります。

　どこからでも相談につなげられるということは、CSWrとしての相談窓口が他所とつながるシステムになっているということが必要です。どこからの相談でも受けられるようにしておくということは、とても大事で、多様な相談に応じられます。また、相談内容が明確でなく、困りごと自体がどこにあるのか焦点が定まらずに、相談にくる場合もあります。さらには、学生本人は、困っている意識がないのに、周囲が困っている場合もあります。特に学生本人が相談する気持ちもわずかで、または、相談したいと思っておらずに周囲が気になっている場合や学生の行動を周囲

が迷惑だと思っていたり、見ていられないと感じて、相談があがってくる場合もあ
ります。こうしたときに学生から直接相談がないから対応できないことを理由に、
相談を開始しないということはありません。どこから来る相談も出会うチャンスと
して逃さずに、相談につなげてから支援の必要性を判断します。

　学生本人が自分の問題を感じていないために、CSWrのところへ直接来なくても、
学生のことを心配した学内外の人々からCSWrのところへ連絡が入るような体制を
構築し、どこからでもそれぞれに合わせて相談が開始できるようにしています。父
親や母親等から相談があった場合に、「ご本人を連れて来てくれれば相談にのりま
す」とその場を終わらせてしまうことはありません。

　相談内容によって、どのように当該学生を相談支援につなげるかを父親や母親等
と相談するところから一緒に考えていきます。学生本人から相談を申し入れない場
合や、学生本人が相談を希望するかどうかわからない場合でも、学生の意思と尊厳
を重んじつつ、いかにスムーズにコンタクトを取るか、その方法を検討し、出会い
方の策を練り、相談開始と相談の持続ができるように技を駆使します。出会い方は、
相談支援の将来の行方を決める大切な瞬間になりますから、どのように出会うかは、
CSWrも神経を使って対応しています。

　目の前にいる学生が問題を抱えていると感じた誰かが、CSWrにつなげられるよ
うな配慮をするのがキャンパスソーシャルワークです。CSWrはどこから相談が来
ても、対処できるような技術をもっています。これが相談支援に進み、対象者を保
護する機能として発揮されています。

　そして、相談者に対する保護機能は、CSWrの相談窓口が他所とつながるシステ
ムがあった場合でも、相談につなげようとする人からの信頼がないと相談行為につ
ながりません。相談が寄せられるためには、学内外にキャンパスソーシャルワーク
の機能が知られているだけではなく、信頼された場になっていることが求められま
す。当たり前のことのようですが、多くの大学でCSWrを配置した当初より、数年
後に相談件数が増えているのはそれらが進展しているからと言えるでしょう。

　学生の問題を認知した人がCSWrのことを知っているだけではなく、紹介する
CSWrに信頼がなければ、つなげようとは思わないでしょう。学内外の関係各所が

CSWrの存在だけではなく、役割や機能、さらには、キャンパスソーシャルワークの理念、CSWrの人柄を理解してもらえるように、CSWrは常日頃から働きかけを怠らずに学内外への連携を意識しています。常日頃からの人間関係の構築に力を注いでいます。表面化していませんが、いつも、さまざまな人々との関係づくりを念頭に置いた活動をしています。こうした活動をネットワーキングと言い、CSWrは常に意識してその構築を行っています。周囲との連携によって、学生の相談を逃さず、手遅れにならずにキャッチできるようにしておきます。こうした関係性の構築をCSWrは強みとしています。

　事例の中で手紙という手段を使う場合もありました。緊急性があると判断したときは、訪問や電話だけに頼らずに手紙を持って自宅を訪問し、会えない場合は、手紙を置いてくるという場合もあります。その文面にもCSWrらしさが見えてきます。手紙は、学生が好きなタイミングで読め、返事をする場合も考える時間を与えてくれます。こうした学生への配慮が学生を安心させ、相談してみても良いかもしれないと、学生の心を揺さぶるのです。例えば、引きこもっている不登校の学生は、何に怯えているのか、何に傷つき、生きるエネルギーが消耗し切っているのか、精神疾患の発病等も視野に入れた対処も行います。

　一方で会ったことがない学生でも周囲の関係者からの情報を収集し、学生にとって一番良い方法での出会い方を検討します。特に、事例にもあった自殺を企図している心配がある場合など、緊急対応が必要であるものでも、学生の気持ちを考えながら即座に行動することは当たり前です。来るものを待つだけでない支援を行うのは、CSWrの特長です。慎重に検討した方法で接近を試み、出会いが成功すると相談がスムーズに開始することを、CSWrは何度も経験しています。出会い方を大切にできるかが、支援の方向性を決めるといっても過言ではありません。

（2）何でも相談窓口としての機能（相談機能）

「縦割り行政」という言葉があります。これは、行政機関にのみ起こる組織文化ではなく大学においても他人ごとではありません。「縦割り」の弊害は各部署間において、なわばり意識が働き、一つの部署に閉じこもっている状態で、連絡体制や連携

が乏しい状態を引き起こします。このために相談に訪れた学生がたらい回しにされたり、責任の所在がはっきりせずに、立ち往生することが起こります。このような状態を否定した意味を含んだ言葉が「縦割り行政」です。営利追求が求められる職場であれば、お客さんの取り合いのごとく、他の部署に相談を譲ることなく、積極的に対応するでしょう。

　大学における学生の相談事というのは、幾重にも重なる重層的な問題をかかえて成り立っていることは珍しくありません。問題が問題を生んでいることもしばしばあります。そのために一ヵ所の学内の部署だけでは対応しきれないことが多くあります。そのことがわかっているだけに学生も相談に行く場所に困り、二の足を踏みます。さらには、大学で相談すべきことではないと言われ、相談に応じてもらえないだろうと学生が自分で判断し、相談に結び付かないことがあります。相談しなければ、それで済まず、突然の退学の申し出ということで問題が表面化してくることになります。こうした退学を防ぐ意味でも、ワンストップサービスは必要でしょう。

　より専門的で詳しく対応できる窓口を設けることと、幅広く対応でき、一旦相談を受けてから振り分ける機能をもつ包括的な対応のできる窓口の両者が、大学には必要です。こうした柔軟な対応は、学生のニーズとしてあります。相談組織の構築をどのようにするのかは、大学の組織のあり方によって、異なってくるでしょう。またそれは、第1章に述べている3階層による学生相談支援体制の構築にもつながることを指しています。

（3）相談内容を整理し、根本原因を見極める（主訴の整理機能）

　CSWrは、学生と出会って、相談を始めるときは、学生がじっくり何を一番言いたいのか、伝えたいのかを引き出すように耳を傾けます。伝えたいことを始めに話せる人ばかりではありませんし、言いたいことを的確に話せる人ばかりでもありません。また、言いたいことが相談の核心部分になるとも限りませんから、CSWrが話の内容を整理しながら核心に近づいていくようにしていきます。

　まず、CSWrが学生の言い分を否定せずに聴いていくことで、学生は受け止めてくれる人だから相談を続けてみよう、という気持ちに自然になっていきます。否定

せずに聴くということは、たとえ社会的に間違っているような事柄であったとして
も、目の前の学生が何を伝えたいのかを聴き取ることに注力する行動が大切です。
深い悩みをもつ学生は、自分のことを理解してくれようとしている人なのかどうな
のかを瞬時に判断する敏感さと高い警戒心を有していますから、その能力を味方に
つける対応が必要です。話を聴くときに、学生の使う言葉と思いが一致しているば
かりではないことを、CSWrは経験的にも知っていますから、学生のしゃべり方や
声のトーンだけではなく、しぐさや姿勢、非言語的なことにも注意を払っています。

　出会いから1、2回の面談をする中で、学生が真に困っていて、何とかしたいと
考えていることが、どんなことなのかを明らかにしていきます。そして、その問題
が発生している根本原因を見極めることを、CSWrは目指していきます。たとえば、
「レポートが書けないために単位がとれず、留年したら学費の支払いが困難」という
悩みがあったとしたら、レポートが作成できるようにすることも必要ですし、学費
を支払える方法等の対処が必要にもなりますが、こうした原因を引き起こしている、
たとえば発達障がいによる生きづらさへの対応を、視野に入れておく必要がありま
す。障がいを有しているのかどうかは、客観的な診断が必要な場合もあります。発
達障がいに気がつかずに20年間生きてきたものの、他者との違いや違和感、生きづ
らさに悩まされてきたことについて、話し合いながら学生の真の悩みや引っ掛かり
を深く見ていきます。問題となっている目の前の現実的な課題への対処も必要です
が表面的な対処で済ますのではなく、根本的な原因を明らかにしていくことと、将
来の展望を見通した対応と計画が、必要となります。

　問題の原因を明確にしていくことが的確にできないと、ボタンを掛け違ったまま
進んでいくことになります。何となく学生の問題はこうだ、と勝手に決めつけるこ
とがあってはなりません。何となく明らかにするのは、専門家ではなくてもできる
のですが、短い時間で根本原因を的確にすることができるには、訓練が必要になり
ます。

　出会ってから学生の課題が見えてきたところで、学生が希望していることとすり
合わせていき、課題に取り掛かる優先順位を考えていきます。ここで学生の生活実
態を理解していなければ、有効な優先順位を立てることができませんので、詳しい

情報が必要になります。

（4）学生の情報を分析する（情報収集と分析機能）

　学生の課題が明確になってきたところで、ここまでの間に学生から発せられた情報や、関係者から集めた情報を駆使し、学生の持っている能力や弱み、強みをみていきます。そこでは、学生がこれまでその問題にどのように対処してきたのか、どのように感じて来たのか、問題をどうしたいと思っているのかなどの、追加の情報を集めます。情報を集める際は、収集そのものが目的ではなく、学生の表面にあらわれていない情報で、学生を理解する上で必要な情報収集だということから、はずれないにようにしています。さらに学生本人だけではなく、学生の周囲の人から情報収集することに、CSWrは非常に長けています。偏った情報収集に陥らずに、的確なところから適切な情報を収集する力をもっているという意味です。偏らない情報収集は案外難しいことですし、情報は、誰から収集したのかで、見方が変わることも十分理解して行っています。

　また、課題を多く抱える学生の情報がCSWrのところに豊富にあるということが、学内の教職員内で周知されていれば、学内の学生支援システムも無駄なく動くことができます。これは、あまり言われていることではありませんが、学生支援の効率化にもつながっていることです。またこれは、多くの大学で実践されているアメリカから取り入れられたマーケティングとして考えられているエンロールメント・マネジメント（Enrollment　Management）理論にも関連します。この理論を日本では、学生が大学への受験を希望したときから入学、卒業後までを一貫してサポートする考え方として、多くの大学で実践されています。学生支援の考え方として普及していますが、学生がCSWrに打ち明けた本当の退学、休学理由などは、教育改善を目的とする情報として、重要な資料となるともいえます。

　学生は、自分の課題が何であるのかが明確になるだけで落ち着き、自己の力を発揮でき、課題に着手できる場合があります。CSWrは、情報を専門的な技法で分析して、解決への導き方を検討していきます。このときに解決をCSWrがつくるのではなく、学生が解決できるように学生と考えていくことを特に重視しています。し

たがって、解決は、問題がなくなることではなく、たとえ改善することができない問題が残ったとしても、その問題をどのように学生は受け止めるのか、その問題のとらえ方そのものが変化することによって、生き辛さが改善する場合があります。それが生活のあり方を変えるきっかけになり、日常に変化が起こることになるのです。

　大学教育において、社会人としての基礎力を身に付けるのは、正課の講義等だけではなく、自分自身の悩みをとことん悩んで解決しようとするところから身に付いていくことがあります。事例にも紹介されていましたが、ソーシャルスキルトレーニングを実施しているCSWrもいます。ソーシャルワークは「人に対する振る舞いやものの言い方」など、学生に生きる実践的な手法を身に付けることが、社会に出る最後の教育機関として重要だと考えます。教育的な支援を含む取り組みは、経験から学生の社会で生きる力をつけていくことを知る強みを持っており、問題解決のプロセスを大切に考え、そこでの学生の成長に意味を見出していきます。CSWrは、講義を担当するなどというような、教育活動に参画していないのがほとんどですが、学生支援の一角で教育的視点をもって対応しています。

（5）学生の方へ出向く（積極的アプローチ）

　先に記したように、学生の中には、自分は困っていないが周囲の人が心配して相談に来る場合や、学生自身が問題に気が付かずにいる場合があります。そうしたときにCSWrは、課題を見極めて、待ち続けるだけではなく、積極的にアプローチを行います。学生（対象者）の要望が出されていなくても必要性を感知すれば、アウトリーチ機能を発揮し、自宅訪問等による積極的なアプローチを試みます。そこでは、誰でも自分の課題を認識できるわけではなく、潜在的にある相談のニーズを引き上げ、自分の人生をより良くしようと悩む時期に悩める環境を用意するという方針が積極的アプローチとして行動化されます。

　積極的アプローチは、たとえば、大学から連絡しても連絡がとれず、友人たちとも音信不通、講義に来ない日が続いている学生がいた場合に、CSWrは一人暮らしの学生の家に向かうこともあります。死を意識する緊急的な場合も予測できますし、

孤立状態が続いていることも想像できます。家に行って学生と会うことが出来た場合、大学ではない場での学生の様子から、さらに厳しい実情を知ることにもつながります。出向くことに躊躇せずに実践できる判断の背景には、これまでの経験からリスクを回避することを優先的にする判断があります。危機介入を行う取り組みによって、自殺者の予防的対応が可能となっている意義は大きいです。このような積極的な取り組みによって、大学内にも自殺を予防するという前向きな思考が宿っていくことが、二次的な効果につながります。

　自発的に相談に来ない学生には、相談の動機づけを粘り強く行っていきます。そのときは、相談という枠だけでの対応ではなく、挨拶のみを繰り返すことから始まる場合もあります。それも積極的アプローチとして、人間関係づくりから始めていきます。「相談しない」と学生から断られても、課題があると判断した場合は、簡単に断念せずに関わるタイミングを図ります。CSWrは、一人でも苦しんでいる学生がいるのなら、見過ごさない意気込みで対応しています。このような対応によって、たとえ教職員が当該学生の課題を見逃した場合があっても、CSWrは保護する機能を発揮して学生のセーフティーネットとして役立っています。誰かが支援する仕組みが大学に備わっていれば、安心した学習環境を提供できることになります。

２．問題が起こらないようにし、権利を守る（予防的・教育的・権利擁護機能）
（１）同じ問題を起こさせない（予防的機能）

　一人の学生の悩みは、一人だけが悩んでいる問題ではなく、同じ問題で別の学生も同じように悩んでいることがあると認識することによって、問題の発生を予防する活動を、CSWrは行います。予防するということは、発生することを食い止めることだけではなく、問題が悪化しないように備えをしておくということです。予防的な対応によって、大学組織としても、解決や対応へのコストを削減できることになります。そして、起こってしまった問題をこれ以上悪化させない対応も、予防的な視点が必要となります。

　たとえば、学生のアルコールハラスメントと言われるような無茶なお酒の飲み方があれば、飲み方に対する教育の機会を作ったり、また、禁止薬物や望まない妊娠

2．問題が起こらないようにし、権利を守る（予防的・教育的・権利擁護機能）

の問題があれば、こうした場合の対応の教育を行うことを企画したりします。特に健康に関することは、予防に勝るものはなく、知っていれば防げることがあることを教育する視点が大切です。こうしたことを学ぶことが、社会人としても重要なマナーであるのを気づかせる内容であったり、礼儀や知恵であることもあります。学ぶことによって、生活上のリスクが下げられるのであれば、下げるような教育活動は大切です。このような取り組みを大学組織として対応するように組織に働きかけたり、必要であれば、教育活動そのものに関わることを、CSWrは行っていきます。CSWrが学生の問題を現場で敏感に感じ取り、予防的に対応する視点を有意義に活用することが、大学組織によってできれば、学生支援は洗練された内容になっていくでしょう。

　一方、学生の個別的な対応として、なぜ、アルコールハラスメントが起こるのかを考えていかなければなりません。知っていても注意せずに暮らし続けることや、自分だけは大丈夫だと思っても不思議ではありません。サークル内の飲み会でアルコールハラスメントが起こるのは、そのサークル内にお酒を断われない人間関係があるからかもしれません。サークル内の独自の人間関係で断われずにお酒を飲みすぎてしまうことも起こります。気遣うあまり、仲間との関係をつなごうとして、無理な飲み方をしたかもしれません。人間関係のあり方がハラスメントとして現れているとするならば、その人間関係を改善するような支援をしていかなければ、根本的な解決につながりません。

　また、たとえ、一人の問題を解決しても、同じ問題が別の学生に起こることを防ぐことは、大学の学生支援の合理的対応としても考えられます。課題の解決だけではなく、発生を予防する視点をCSWrは、持っています。この考え方によって、大学のリスク管理にCSWrが貢献していることがわかります。

（2）学生として守られることを保障する（権利擁護機能）

　他の学生の前で、教員から大きな声で「頭が悪い」と罵倒された学生、父母等から暴力を振るわれて、心身に傷を負っている学生、アルバイト先で適正な給与が支払われていない学生、サークル内でメンバーから無視されている学生、マルチ商法

で支払えない額の契約をさせられてしまった学生など、上記のような学生の権利を侵害されている例は、枚挙にいとまがなく発生しています。

　起こった問題を周囲に話して適切に対処できる学生もいますが、学生自身が権利を侵害されているなどと認識していない場合もあります。相手から権利侵害が行われていても、自分に非があるために、そうされても仕方ないと考えてしまいます。自分がぼんやりしているから騙されても仕方がないなどと、自分の方に責任があると判断し、そのままの状況に甘んじるしかないと思い、じっとして相談する行動に移さない場合です。また、自分の被害を、恥ずかしくて話したくないと思うことや、仕返しが怖くて話せないという場合もあります。CSWrも早めに対応することが肝要です。まずは、学生を権利侵害を受けている状態から遠ざける必要があります。その状況から救い出す方法を検討し、侵されている権利を復権することが大切です。学生自らが権利侵害を訴えることができない場合は、CSWrが代弁して対応する応急処置をとることもあります。この場合、学生と相手との関係が悪くなって修復が不可能となり、学生生活に悪い影響を及ぼさないように、配慮も怠らずに行っていきます。また、学生自身が相手に申し入れを行うことを決めた場合は、その行動を支えることも大切です。支え方は、学生に危険や更なる不利益が及ばない方法を選べるように、共に考えていくことを行います。その際に警察や弁護士、さまざまな専門職とのつながりが、必要で安全であると判断した場合は、専門機関や専門職との連携を作って、学生の強固なバックアップ体制を構築していきます。

　このような活動が学生の修学環境を守ることにつながります。学生生活において、権利侵害が起こっている場合、修学に集中できなかったり、修学に対するモチベーションが下がることが起こってくることを防ぐために大学は協力していくことができます。

（3）他機関へつなげる（調整機能、仲介的機能、連携機能）

　学生が解決したい課題は、学内だけで解決可能な内容ばかりではありません。疾患等の診断には、外部の医療機関も必要とします。発達障がいに対する専門的な職業訓練は、外部の専門機関を利用する方が良いと判断する場合があります。家から

逃げ出す場所が必要な理由があってもお金がない学生には、シェルターを紹介することもあります。介護が必要な家族を看ている学生に介護サービスの情報とサービスの提供ができる事業所を紹介する場合があります。学生が抱える課題の解決のために使える社会のあらゆる施設やサービス、ボランティアなどへつなげ、サービス利用がうまくいくように橋渡しを行うこともCSWrの働きです。この働きには、利用するサービスの内容や詳細な条件も、知っておく必要があります。最新情報を持っていたり、対象者に合った内容を探せる力を有しているのがCSWrです。他機関やサービスの橋渡しをするためには、言うまでもなく学生や家族のニーズを的確に把握し、サービス等の必要性を確信した上で利用につなげる役割を担っています。

　こうした他機関とつなげていくことや、学内の他部署とのつながりをつけて、学生の支援に足並みを揃えて参画してもらえるようにすることが、CSWrの調整する大切な機能といえます。

　また、外部の他機関と連携が取れるように、日常的に対応するネットワーキングを行うことの重要性を理解しており、他機関との協働も行います。外部機関との連携は、時間と労力を費やす働きです。そのためだけにとは言いませんが、他機関のさまざまな会議やイベント等にも普段から参画し、学外との関係づくりを常に行います。大学と他機関とのつながりを意識し、個別の相談支援に役立てています。

３．大学内の組織づくり

（1）学生支援チームをつくる（組織化の機能）

　大学における日常的な教育に関わる際に、一人の学生に関わる関係教職員は複数人に及びます。さらに学生支援は、教職員の一人だけの活動によって完結できません。第5章や第6章に提示したそれぞれの事例には、多くの人が関わっている様子が見えます。

　また、一人の学生を支援するために、関わる教職員の目指す方向性の目標を、一致させておかなければ不都合が起きてきます。学生支援をするときにCSWrだけで対応すればよい場合もありますが、多くの支援の場合は、学生に関わるすべての人の関わり方を一致させておく必要があります。関わり方を一致させるときに、当該

189

学生の情報提供を行った上で、関わり方を統一するなどの対応が求められる場合があります。その際に関わり方や方向性を統一するときに、指令を出す部署が必要になります。指令をCSWrが担う場合もあります。その内容は、まず、当該学生に対する支援者メンバーである認識をしてもらうこと、その中で役割分担を決めることなどです。相談支援の具体的な内容は、いくら教育上必要なことであっても、当事者である学生が納得したものでなければ、支援もうまくいきません。指令の元となる情報共有自体に関わる教職員が一堂に会して確認作業を行ったり、情報収集後の分析を行う必要がある場合があります。こうした学生支援のチームを作って、対応する方法が有効です。大学は、他部署や他の教員と一人の学生のために会議を持つなどという習慣はもともとない文化です。そもそも大学の教員は、講義等がありますから他と時間を合わせることは難しいです。学生支援のチーム活動のない文化のところに、CSWrは学生支援のチームを作り、機能させていきます。このチームの中に学生本人が入って、話し合いに参加する場合もありますし、家族が参加する場合もあります。目的は、情報収集ということもありますし、教職員の支援の方針を学生本人が理解して、協力してもらうためでもあります。また、大学内の多くの教職員が当該学生の支援に関わっている事実を、目で見て確認してもらうことで、大きな課題を克服する必要のある、学生や家族のモチベーションが上がることを期待することもあります。部署と部署をつなげていくことや、人と人をつなげていくことを、CSWrは合理性のみならず、一番有効な支援方法として組織づくりに着手します。このようなCSWrの機能を、大学管理者が理解することによって、充実した学生支援システム作りにつながることになります。

（2）仲間づくりに一役買う（支援的機能）

　第5章の中に、ゲイである自分を受け止めてくれる仲間がほしいという相談事例（「事例10　悩みを分かち合える友だちが欲しい」）がありました。SNSが発達している今日でも、自分が意図するグループ作りは、そう簡単にはいきません。「集まって」と声を掛けるだけで済む場合のグループ作りであれば、学生がCSWrのところへ相談には来ないでしょう。そうした事情の背景には、自分だけではできない理由

があります。単にグループをつくる方法に困っているわけではないということです。

　あるとき、性別違和を感じている学生が性転換の手術をしたいと考えていることで、CSWrに相談をしました。ある日、CSWrは、学生と手術に関する情報集めを一緒に行いました。学生は、情報が集められないわけではありませんが、手術自体に罪悪感をもっており、誰にも相談できずに悶々としていたのです。性別を変えるのならば、社会に出る前の大学卒業と同時にしなければと焦り、決心がつかない状況でした。SNSでは、素性は知りませんが性別違和をもつ仲間とつながることはできていました。しかし、文章の言葉だけのやり取りで終わっているため、どこか生身の人と出会った感じがしていませんでした。当該学生は、CSWrに近くにいる性別違和を感じている人に出会って、直接話しをしてみたいと希望を話しました。相談を受けたCSWrは、他学部の性別違和を感じている学生の相談を受けていたので、先の学生の要望を伝えると、喜んで会いたいという回答を得て、会う場所と時間のセッティングを行いました。CSWrには、守秘義務が課せられていますから、学生の許可なく他者に相談内容を伝えることはしません。しかし、CSWrの中には、学生の情報がたくさんあります。個人情報の守秘義務を守りながら、意図的利用をすることを柔軟に考えていきます。この性別違和の学生たちは、CSWrに導かれて出会うことができました。それによって、仲間同士であるからこそ苦労や苦しみを打ち明けられ、勇気と希望がわいてきたとCSWrに語っています。

（3）学内の居場所をつくる（開発的機能）

　大学内で、お昼の時間になっても一緒に食べる人がいないから、今日のお昼は食べずに夕方まで過ごし、一人でいると「友だちがいない人だ」と思われることが嫌だという学生がいました。また、反対に学内で一人になりたいと思っても、なかなか一人になれる場所がありません。講義の際に使う大教室が苦手で、大きな教室が落ち着かず、講義を受けると非常に疲れます。大学に友人がいないので講義の空き時間をどこで過ごせばいいのか、困ってしまいます。集団で過ごすことを基本としている大学という枠には、個人を優先にして、過ごせる場がほとんどありません。

　こうした物理的な居場所の問題であれば、学生の食堂にはコーヒーショップのよ

うに、壁に向かって一人で座る用の椅子を設けます。大規模の大学には、コーヒーを飲める喫茶や食事の場所もありますが、どこの大学にもそろっているわけでもありません。また、一人で学習をしたいならば、隣と区切りの板のある机を図書館に並べます。物理的な一人になれる場所の確保によって、解決できることもあります。しかし、「自分が大学に来ても、自分の居場所がない」という相談がCSWrのところにきます。「居場所がない」とはっきり言葉にする場合もありますが友だちがいないし大学がおもしろくない、勉強する気にならないので行きたくないという理由が上がります。物理的空間の提供で課題解決できることばかりではなく、人とのつながりを大学で感じる場がないというニーズがあります。大学に来ても孤立感を感じ、その結果、修学に意欲がわきませんし、講義に出てもお客様のように座って時間が過ぎるのを待つというわけです。こうした学生の望む居場所とは、自分のことを認識してくれて、多様性を認め合うような人が集まって、自分の存在意義が確認できる活動の場ということでしょう。こうした場を創り出す活動を行うCSWrもいます。個別に学生と会う中で、学生のニーズとしてあれば、居場所作りに参画していく側面も有しています。

　このような居場所をつくる場合に、どのような人を配置すると、ニーズの解消となるのかなどを考えて行動していきます。

第8章　学生支援の向かう道

1．修学環境を整える学生支援

（1）学びに必要な生活支援

　文部科学省のホームページから大学の学生支援を検索すると、キャリア教育、障がい学生支援、自殺対策、薬物乱用防止、消費者被害防止、経済的支援等の項目が並んでいます。大学で単位認定される正課内の学習支援以外の、多岐にわたる支援内容が示されていることがわかります。

　上記で取り上げた文部科学省が標記している項目は、いずれも大学に学生が在籍し続けることを前提に対応することが求められるということです。学生が大学生活を送る中で、現在課題となっている事柄に大学が支援することを期待され、それらの課題対応は、在籍中の学生に対する責任を大学へ求めているといえるでしょう。学生の入学を許可して、一旦、受け入れた場合は、社会に出るところまで滞りなく予定通りいくように、一義的な対応の責任の分担を任されています。退学や退学につながる休学がないように大学が学生を導き、その上で在籍者の生活支援を幅広く行うようにするというメッセージが込められているといえます。

　在学中には、就職活動への支援、予想もしていないような消費者被害や、新型コロナウイルス感染症により一層深刻となった経済的問題への支援等が、大学によって実施されています。それらは文部科学省から、各大学においても手厚く対応するように呼びかけられています。標記されている学生支援を行うように大学が期待されるのは、本来大学で学ぼうとする専門教育が計画通りに学習できるようにするために、修学環境を整えておく必要があることを意味しています。

　大学に関係している人々にとって、大学で学ぶということは特別なことではなく、入試に合格し通学すれば、誰でも可能な営みのように思われるかもしれません。しかし、学力を測る入試をクリアするだけで、実際の大学生活を続けられる準備がで

193

きているとも限りません。たとえば、場に合った適切な挨拶ができない、敬語が使いこなせない、提出物の期限や約束の時間が守れない、指示通りに動けない等の日常生活上のルール等を守り、日常生活を遂行することがままならない学生がいます。高等学校や家庭教育の中で身に付けておく必要があるようなことが、出来ていない実態もあります。あと数年後に社会人になるという基本的な準備が、出来ていないともいえるでしょう。

　大学生活を順調に過ごすには、学力だけではなく、経済的なゆとり、健康、体力、道徳・倫理を遂行する力、人間関係構築力等も必要になります。大学生活の中で人間的な成長によって生きる力を養い、大きな成長を得る学生も大勢います。個別的なサポートがなくても大学のマス教育で十分に成長していく学生もいますが、個別的、少人数による教育によって、手厚いサポートが必要な学生が多くなっているのが実感です。もちろん、入学前に学生がすべてを兼ね備えていなくても、奨学金制度や医療、家族等の支援を受けながら大学生活を送ることは可能です。完全な人はいませんから、誰でもサポートを受けながら生活をしていくことは想定されます。しかし、入学当初から何かの支援を受けながら大学生活を送る場合は、何か一つでも備えていたものが欠けたり、生活上にアクシデントが起こると生活バランスを崩し、途端に学生生活が続けられない事態に陥ることが危惧されます。たとえば、在学中に健康が損なわれることもありますし、経済的に苦しい状態となる問題が起きる可能性はあります。

　困難な状態になった際に、さまざまなサービスや制度等の利用により、生活の立て直しが可能となる場合もあります。しかし、サービスや制度に上手にアクセスできない場合や、社会的なサービスや制度がそろっていない状態もあります。そうなるとこれまで順調であった学生生活に支障が出てきます。自助努力で改善が試みられないと、これまでの生活に亀裂が生まれます。その結果、講義に出られなくなったり、家から出られなくなったり、単位が取得できずに留年する事態に陥るかもしれません。結局、学びたいと思って入学したはずの大学に来ることもできず、他の回避方法も見つからずに、退学を考えることになる可能性があるということです。

　大学で学ぶためには、それ相応の準備によって実現できる平穏な環境が必要です。

日常生活の安定が保証されない環境で、精神的にも身体的にも十分な活力が必要となる高度な修学をするという営みができないということです。生活がままならない状況であるために、修学に集中できない現状の根本原因を考え、まずは、生活の安定を図っていくことを目指して支援していくことがソーシャルワークの方法です。大学が目標とする専門教育遂行のために学生の生活支援が欠かせない状況となっているのが現状です。

　学生の生活で起こっている支障を、ソーシャルワークという方法を用いることによって、改善したり、現状維持できる可能性があります。大学は、入学を許可した学生に対して、最後まで修学できるようなサポートを行い、本来の目的の専門的修学ができるようにしていくことが社会からも求められています。

（2）学生の孤立感を防ぐ

　新型コロナウイルス感染の拡大によって、大学生のメンタルヘルスの悪化が懸念されるとして、大学生の死亡実態調査が行われました。文部科学省がこれまで国立大学を対象としていた調査を2022（令和2）年度に私立大学へ初めて拡大し、1118校を対象にしました。結果、全国820校の回答が得られています。それによると死亡理由では、自殺が病死や事故死を大きく上回っています。疑いを含む自殺数は、331例あり、20歳から24歳の年代が260例で最多でした。そのうち推定された自殺者の背景のうち、1位が「進路に対する悩み」、2位が「学業不振」、3位に「孤立感・孤独」です。自殺死亡学生のうち、学内保健管理施設（学生相談施設）の関与があった学生は、1割強に留まっています。そこからわかることは、苦しい状況があっても学生は、積極的に支援をうける場を活用していないということです。反対に支援を受ける場を利用している学生は、自殺リスクが低いともいえるかもしれません。自殺リスクが下がるのであれば、こうした学生にとっての相談支援の場の意義が大きいことが確認できます。

　ここで気になるのが、「孤立感・孤独」という自殺学生の背景です。調査は、新型コロナウイルス感染症の拡大により、大学生のメンタルヘルスの悪化を危惧して行われたものですが、明確な関連が確認された事例は少ないと結論付けられています。[1)]

これは新型コロナウイルス感染症の拡大前からも指摘されているような、学生が深い関わりを避けて表面的な付き合いを意識する傾向と、関係しているといえるのではないでしょうか。この傾向に新型コロナウイルス感染症の拡大が加わり、物理的にも表面的な付き合いさえ遮断されているといえるでしょう。表面的な付き合いというのは、いつでも簡単に途切れることになります。表面的な付き合いでさえ、途切れたことで孤立感が深まったと考えられます。表面的な付き合いゆえのもろさが新型コロナウイルス感染症の拡大によって、明らかになったといえるかもしれません。

　強い孤立感が自殺の引き金になるのであれば、大学という教育の場の同年代が集まるコミュニティで、予防できることがあるはずです。社会の核家族化や地域コミュニティの弱体化など人との関わりが取りづらい社会はますます深まっています。そうした状況で大学がすべてを背負うことはできませんが、大学の主たる構成員であり、主人公である学生の苦しさを見過ごすことはできません。自殺してしまった学生が所属している大学は、学生にとっては、唯一の社会に向かって開かれている窓口だったかもしれません。

　実際に多くの大学で、自殺予防の取り組みがなされています。学生、教職員に対する自殺予防教育、仲間づくり、相談機能の強化、カウンセラー等とCSWrとの連携など、多様な方法が実践され、自殺予防としてさまざまな取り組み事例が文部科学省からも紹介されています。大学の教職員の主たる業務以上の働きによって対応していることが想定されます。自殺予防の取り組みは、常に教職員が、大学生の死因のトップが自殺であることを注視し、こうした危機が学生に迫っているかもしれないという視点をもっていることが、自殺予防には重要となります。咄嗟の危機介入ができることも大切ですが、大学のコミュニティにおいて学生を孤立させない環境づくりへの意識が急務です。第 5 章に紹介されたように、そうした危機介入の際に人と人との関係を重視した支援を展開するソーシャルワークの方法は、大いに活用できます。

２．キャンパスソーシャルワーカーが目指すこと

（１）困り事をなくすことだけがゴールではない

　大学生に限らず、人が生活する中での困り事は予期せぬときに、考えてもいなかったことが起こります。困りごとの程度の差は、大小ありますが、悩みや困り事に遭遇する繰り返しが、人生そのものといえるかもしれません。困り事が起こった際に人が取る行動は、解決したいと積極的な行動にでる、困り事から逃げる、困り事に我慢し続ける等、さまざまです。生まれながらに厳しい環境で、それを運命だとあきらめている、あきらめるよりもそれ以外の環境を知らないために、これが当たり前の厳しい状況だと生き続けていく場合もあります。

　しかし、自分だけでは、到底、改善できる見込みがないほどの大きな困り事が起こった際に誰かに助けを求めた場合は何かしらの動きが生じますし、誰かに打ち明けた体験から、改善に向かう糸口が見つかるかもしれません。

　CSWrは、学生から相談を受けた場合に相談支援を行いますが、単に困り事をCSWrが一人で解決しようとは考えていません。困り事が無くなることは誰でも望むことですが「困り事を無くしてしまう」とだけ、考えるのではなく、まずは、困り事に学生が対峙（たいじ）できるようになることを目指します。目を背（そむ）けたくなるのが困り事ですが、CSWrは一緒に取り組む姿勢をみせ、解決の方法やそこから逃避することを含め、進め方を一緒に考え、改善案の選択ができるように提示し、学生が自分で改善方法の選択肢を選べることを目指して、アプローチします。こうした過程を踏み、解決を目指す学生のペースに合わせて行います。CSWrは、人が生きることで悩むことを避けて通れない以上、悩みを単に否定すべきことだとは考えません。悩むことで自分の気持ちのあり方や思考の傾向に気づき、解決しようとすることで人間としての成長につながり、回復する力を身に付けることができる営みであります。その営みそのもののプロセスがソーシャルワークです。

　CSWrが一人で進めてしまえば、簡単に困り事が解決する場合もあるかもしれませんが学生が困り事を自分で解決できるようにサポートするのが基本的な対応方法です。それは、何でも困り事をCSWrが解決してしまったら、対処の仕方を学ぶ機会が得られず、対処能力も身に付けることができないと考えるからです。何よりも

他者の困りごとを、他人が解決できるのは、実際にごくわずかでしょう。CSWr が困りごとを解決できたとした場合、学生は、同じ困り事が起きても解決する方法を身に付けられずに路頭に迷うかもしれません。対処能力が養われないというだけではなく、デメリットは他にも考えられます。

　解決を目指して、学生が自らの足で動き出すと、これまでに出会ったことがない人々の存在に気づくことがあります。知らなかったサポート組織を知ることもありますし、これまでに会ったことのないような、学生自身を温かく受け止めてくれる人に出会ったり、学生とは異なる考え方をする人や、目新しい活動をしている人と巡り合うかもしれません。また、これまでに出会って知り合いではいましたが、深く付き合わずに一方向的な理解しかしていなかった人との間に、新鮮な関係が生まれ、これまでと異なった、目を見張るような一面に気付くかもしれません。人との新たな出会いに恵まれ、改めて出会うことで、その人の優しさや深さにふれる体験をすることもあります。このような新たな出会いは、第5章、第6章の事例にも表れていました。その新しい出会いの一人がCSWrだともいえるでしょう。これらの体験は、予定していてもできるものでもありません。CSWrが勝手に解決してあげるような方法で活動すると、新たな出会いを阻害する恐れもあります。この出会いが人生を豊かにする方向で動く可能性を意識し、CSWrは、学生にある可能性をつぶさないように、むしろ、人との出会いを広げる支援をし、学生が目指す目標に向かって、計画を立てて一緒に歩んでいきます。

　CSWrの支援は、問題解決だけがすべてではなく、解決に向かうプロセスで得るものも大切に考えているということです。学生にとって、何が大切かを考え、将来の展望を見極める力をもつ視点を取り入れていることが、ソーシャルワークの大きな特長です。たとえば、対人関係が基盤になって進むプロセスにおいて、ソーシャルワーカーとの支援関係だけをとっても、学生は、人との距離感を学び、人の温かさや許される心地よさを知ることがあります。プロセスにおいて、さらに課題を解決するための考える力、判断力を養い、自分の現実を受け入れ、やり遂げることで自信をつけていきます。学生の悩みによる苦しみを、苦しむだけで終わりにさせたくないという、CSWrの他人事として受け止めない熱意によって、学生自身が自ら

の苦しみに立ち向かえる覚悟ができるのです。このようなプロセスの中で、悩んでいた自己評価の低かった学生がありのままの自分を受け入れ、一歩、歩み進めることができるかもしれません。

（2）事実のとらえ方の変化を目指す

　問題解決を一緒に目指すと言ってもすべての問題がなくなって解決できるものばかりではありません。CSWrは、問題の改善のために機関や組織に働きかけることに労を惜しまず、長期間かかっても活動し続けます。しかし、学生が体に障がいを負った場合、その身体状態は戻りませんし、亡くした大切な人も、過ぎ去った時間も、元のようには戻ることがありません。私たちの生活には、回復も改善もできない深刻な事実が存在しています。それを学生もわかっていますが後悔の念に苛まれ^{さいな}たり、他罰的になったり、将来への希望を失うなど、そこから一歩も動けない状態になることがあります。もちろん、学生だけに起こる状態ではありませんし、誰の場合にも同じことが起こり得ます。

　回復や改善ができない事態にぶつかった学生に対し、どのように対応していくのかが難しい支援の課題でもあります。その問題自体が変えられないのならば、軽減できるサービスや制度を利用して、補完的対応によって、生活を安定させることができる場合もあるでしょう。補完的対応で学生生活に改善がみられればよいですが、そうでない場合は、学生も他者の力を借りるか、または、借りても仕方ないとあきらめてしまうのが一般的な対処としてあり得るでしょう。

　そこで、問題自体が変わらないとすれば、変わらない問題自体を学生がどのようにとらえて生きていくのかを、一緒に考えるのがCSWrの役割の一つです。簡単な表現で説明すると、コップの半分の水を残りまだ半分もあると思うのか、または、もう半分しか残っていないと悲観的に捉えるのかということの違いです。実際は、水の話ではないために簡単なことではありませんが、学生の言葉に耳を傾け続け、学生を理解しようとする姿勢で、CSWrは対峙します。このような対応の姿勢から頑なな学生の気持ちが動くことが起こります。気持ちが動くことによって、問題自体を許そうとしたり、忘れることを試みようとしたり、受け止めようとさまざまな

言動が起こる可能性があります。こうしたCSWrの対応によって、好転しない問題そのものへの学生の見方が変わっていくことが起こります。その問題を抱えて生きていく覚悟をする場合もありますし、問題そのものを問題と捉えずに、受け止めていく場合もあります。そうした学生の変化が第5章、第6章の事例の中に言動として表れていました。

　例えば、龍谷大学の社会的孤立回復支援センターでは、社会的孤立からの回復を支援するネットワークの共創を目指しています。ホームページには、

> 犯罪や非行、多様な逸脱行為やアディクションなどの問題行動の背景には「社会的孤立」がある。そして、その孤立の背景には、児童虐待、ＤＶ、性的虐待、いじめなどによるトラウマがあった。さらにその向こうには、子ども同士のいさかい、大人の無理解、思春期の体調不良など、はたから見れば小さなこととも見える「つまづき」がある。

と記され、そのつまづきからの「たちあがり」の支援を目指していると、同センターの役割が述べられています。同センターは、社会的な孤立を生み出す原因を「児童虐待、ＤＶ、性的虐待、いじめなどによるトラウマ」だと、はっきり表現しています。ここであげられているトラウマの原因は、個人責任で起こったものではなく、親や周囲の環境からの加害行為であることがわかります。こうしたことを本人だけの力で改善することは不可能なことです。だからこそ、研究する場として同センターが存在するのでしょう。[2]

　このセンターが研究するように、本人の責任に帰することのできない、既に起こった事柄によって悩んでいる大学生も、多数存在します。たとえば、出生率が減っているにもかかわらず、児童虐待数が減らないことから見ても、悩む学生が減らないことが容易に理解できるでしょう。本人には変えられない過去をどのようにとらえていくのか、安心して安全を確認できる年齢であり、大学という安全な場所で自分を表現できるように支援を受けてほしいと考えます。トラウマの治療を受けることにしても、支援者が伴走してくれることで、治療に踏み切る気持ちになる可能性が出てくるということです。一般的には、大学は最後の教育機関です。最後の教育機関だからこそ、学生は他者に依存して、自分の課題を解決する時間を過ごすチャ

ンスが与えられているのです。その時間を与えられているのが学生であって、大学は社会に活躍できる人材の輩出を期待されています。社会に活躍できる人材育成は、専門教育だけでは完全に完了しない事実を大学も認めていかねばなりません。人を育てるということは、義務教育で終了するのではなく、社会全体で永続的に行い続ける必要なことであり、それが豊かな生活の構築につながるという理解が必要であります。

（3）学生支援の最終目標は自律

　大学での修学を支えるために、生活支援が必要だと述べてきました。しかし、大学は義務教育ではないため、学び続けられない者や、その意思がなくなった者は、自由に退学すればよいと考える人も多数いるでしょう。義務教育とは異なり、大学で学ばなければならない義務はないため、当然です。法的に考えれば、そのようになりますが、学びたいという人間特有の希望を大切に育てるのが成熟した社会です。一時期、学ぶ意欲が減退したからといって、すぐに退学の結論をだすことが適切だと考えられない学生が存在しています。学ぶ意欲を持ち続けることは、誰でもできる簡単なことでありません。何かの理由で学ぶ意欲が減退しても、学ぶ意欲が根本からなくなっていると判断するのは早計かもしれません。高等教育機関での学びを保障する成熟した社会を目指すからこそ、日本は大学に補助金を出し、学ぶ学生への支援をしています。

　学び続けられずに、途中で息切れする学生であっても、大学に入学した時には、学びたいという意欲がありました。しかし、希望の大学に合格が得られなかった場合の不本意入学や、在学途中の突発的な出来事等がきっかけで希望が持てないために、学ぶ意義が感じられなくなり、大学に通うことに空虚感を覚えることになるのです。希望が持てない状況がどこから生じるのかが学生、CSWrにわかれば、支援の方法を検討することができます。

　学生の支援をする際に最終的にCSWrが目指す支援の目標はどこにあるのでしょうか。先にも述べたようにプロセスを重視し、その先にあるCSWrの支援ゴールは、問題解決だけではありません。さらにそこで目指すのは、学生の自律です。ここで

いう自律とは、自分の意思で自分に関することを決めて、行動に移せるということです。

　まず、自分で意思をはっきり表すこと自体が難しい学生がいます。自分の意見や希望を表明できるようになるためには、相手（他者）への信頼が必要になります。自分を受け止めてもらえる可能性が感じられないと、他者に意見や希望を伝えることだけでも難しいと感じます。意見や希望が表明できない理由の一つに自分の意見や希望が受け入れられた経験がなく、否定され続けた経験によって諦めていることが考えられます。また、学生が自分自身の意見や希望に自信が持てずに、表明することに躊躇していることも考えられます。自分の意見は正しいのだろうか、自分の希望はおかしい内容ではないのだろうか、と他者へ受け入れられる事柄かどうなのかの吟味を始めてしまえば、とめどなく続くでしょう。意見や希望に正しさを求められると意思表明は困難となってしまいます。学生が意見や希望を表明する際に、安心と安全な人間関係の構築が必要であることを知り、その構築をまずは、CSWrとの関係でチャレンジできるようになることが、支援のプロセスにおいて可能です。

　安全な人間関係で自分の意見や希望の表明ができ、意思表明ができると学生の希望が周囲に伝わり、学生自身に対する理解が深まることになります。そのため、周囲の人々からの応援や支援を学生は受けやすくなっていくのです。周囲からの応援があると生きづらさの改善が期待されます。そのような状況は、学生にチャンスを与えてくれる可能性を広げます。そのチャンスを学生がチャンスだと認識し、それにチャレンジしてみようとする気持ちが生まれます。それは、大きな決断が必要な内容ばかりではなく、日常生活上の小さな試みや、誰かに何かを伝えてみるというような事柄でもその学生にとってのチャレンジになります。

　チャレンジする事柄がある場合、そのチャレンジを行うかどうかを決定することが必要になります。保護者や教員のような年配者から指示されて、ただ静かに従うという高校生までの行動とは異なります。目の前のことをどうするのかを自分で決め、その決めたという責任を負う覚悟ができることが必要となります。

　このような、周囲がそのようにしているから、同じようにしたという決定ではなく、真の自己決定に基づく行動によって自分の意思で生きている感覚がもて、自律

が板についてきます。

　自律は、成し遂げられた結果で見極めるものとは考えていません。自律は、成し遂げられようとする課題として我々の生活の中に存在しているものです。自律的に生きられるかどうかは、その時々の置かれている状況によって変わってきます。自律は、出来たか出来ていないかという結果で判断するものではなく、自律的に生きようとする、常にある人間の目標だと考えます。自律は、自分自身から一歩さがって客観的に自分を見つめることが必要になります。自分を俯瞰的に眺めるのは非常に難しいことですが、自分を自分から離してみることが、自律のあり方を確かめることになります。俯瞰した見方を冷静にできるようになることが自律の必要な構成要素になります。こうして、CSWrは、学生の自律を目指し続けるということになります。

（4）大学へCSWrを配置する

　第３章において、CSWrの配置を行わない大学の理由として、予算が足りない、ソーシャルワークの専門性が学生支援に必要性がない、社会福祉士・精神保健福祉士の業務や専門性がわからない等があげられていました。大学の学生へのサービスにおいて、カウンセリングはなじみが深く、認知状況も高いですが、ソーシャルワークは、スクールソーシャルワーカーが小学校、中学校に配置されるようになり始めた2008年（平成20）以降から教育界に名前が少しずつ知られるようになってきたところです。ソーシャルワーカー（社会福祉士、精神保健福祉士）を養成する社会福祉系の学科をもつ大学に、ソーシャルワーカーの配置が多いのは、専門性が理解され、ソーシャルワーカーの支援を必要としている学生を見出す力を有する教員が存在していることが、配置の大きな要因だと考えられます。配置が進まないのは、ソーシャルワーク自体の認知の広まりが浅いことが原因でしょう。認知が低いことから、大学にこれまでいなかった新しい職種に、予算配分を行って配置するところまでに至らないのではないでしょうか。

　筆者は、CSWrの役割や機能等について講演をしてほしいと、ソーシャルワーカー配置を目指している大学の何校かに依頼された経験があります。その経験から学

生のニーズはどこの大学にも存在していると感じています。支援が必要な学生がいるかどうかは、その気になってみようとしないと、見えてこないものです。課題を提出しない学生や欠席が多い学生を、単に怠けている、やる気がないと思い込み、その理由まで知ろうとしなければ、それで終わりになります。学生に対する支援をする気持ちがない教職員に対して、学生も相談をしようとは思わず、近寄らないでしょう。しかし、相談できそうだと思えば、さまざまな学生が教職員へ相談を持ち掛けてきます。そうなると相談を受ける教職員は、偏_{かたよ}っていきます。相談を受け続ける教職員は、主たる業務に支障を来たしたり、対応方法を真剣に悩みます。そこで、個々の教職員の支援では、時間的にも専門的にも限界を感じ、CSWrの配置希望が出されるようになってきます。しかし、そこから予算立てまでの、大学内の了解が得られるのは大変厳しい道のりになります。

　大学の学生支援を、大学の基本事業（サービス）として位置付けるのであれば、これは間接的な教職員の支援となっているという視点をもつことも必要です。担当するゼミの学生の対応にCSWrが並行して支援を行えば、教員が一人で抱え込まずに済みます。また、担当の教員が変わっても、一貫した支援がCSWrによって展開され続けていきます。こうした支援は、教職員にとっての安心感につながります。さらには、教職員が当該学生にどのように関わっていけばよいのか困った際に、その関わり方そのものへの助言をもらうことができます。これは、コンサルテーションと呼ばれているソーシャルワーカーが行う支援の方法です。コンサルテーションによって、教職員が学生にどのように対応するのかを知ることで安心して教職員が学生に関われることになります。教職員はこのような支援をCSWrから受け、安心して学生に関われることを体感的に理解します。CSWrがいない大学では教職員が体感的な理解を得ることは難しいため、大学に配置が進まない要因の一つかもしれません。

　もし、CSWrの配置が決まった場合は、各大学の状況により組織のあり方や学生の状況を鑑み、配置部署や組織のあり方に工夫も必要です。ソーシャルワークを知らない教職員がCSWrを管理することになるのは仕方ない現状ですがどのようにすれば、CSWrが機能するのか、また、機能させるためにどこにどのように配置させ

ると有効活用されるのかを、大学は責任をもって準備していかなければなりません。そのためには、現在の大学、学生の状況や組織の課題等を読んで大学全体を評価することが必要となります。

　そして、CSWrが一人配置されたとしても、すべてが夢のように改善するかのように思い込んではいけません。CSWr が十分な役割が果たせるのは、大学の理解があってのことです。さらにCSWrは、学生の個別支援だけにとどまらず、大学全体の学生支援の有効性を鑑み、必要な提言等をすることが可能ですからそこで活躍してもらえるように考えた配置のあり方が必要です。具体的には、学生一人の悩みが他の学生の普遍的な悩みになり得る可能性や、悩みや問題の予防が可能な方策があれば、大学へ進言し、改善策や予防策を大学のシステムへ入れていくことができる組織ルートも必要でしょう。CSWrは、目の前の支援を展開している学生の個別支援だけに意識を向けているのではなく、自校の他キャンパスの学生や、大学組織全体への支援等を合わせて考えるソーシャルワークを展開しています。目の前の他者への誠意ある支援と、常に広い視点と先の展望をもった支援を、並行して行っているといえます。

　さらにCSWrは、ほとんどが同専門職が居ない１名で配置され、同職種と相談や討議ができない環境にいることが多いです。しかし、同職種から得られる情報はとても有効なことが多いです。また、そうした同職種間のネットワークを作っておくことも専門職として重要なことです。大学で雇用されているCSWrが中心に加入する任意団体の「キャンパスソーシャルワークネットワーク」があります。大学で一人職種であるCSWrが他大学の同職者と情報交換を行い、学生支援に役立てたいということから設立して10年以上たちます。年に一度の研修会も実施し、課題の共有や情報交換の場として活用されています。そこでは、現実的な学生支援の課題が議論され、課題共有と課題解決方法を見出す場となっています。

　大学にカウンセラーと同等数のCSWrの配置がなされれば、専門的な業務分業がされ、カウンセラーがさらに専門性を発揮できる環境が整えられます。カウンセラーとのチームプレイが可能となれば、それぞれの専門性がより発揮され、支援の質が向上することは間違いないことです。

　全国のどの大学においても、CSWrの支援が受けられる体制が整えられるように、国の補助金等によって配置促進が進んでほしいと考えます。偏差値の高低や大学の地理上の差異、国公立か私立かによらず、学生の支援ニーズは存在しています。それは、すでに配置されている大学の現状からみても明らかなことです。学生が社会人となる最後の砦である全国の大学に、CSWrが配置され、そうした上で学生支援の環境整備が進む工夫が必要です。

【注】

1 ）令和2年度　大学における死亡学生実態調査・自殺対策実施状況調査報告書
　　令和4年2月　文部科学省　高等教育局学生・留学生課。
2 ）龍谷大学　社会的孤立回復支援センター　https://sirc.info/　閲覧日
　　2022.8.26

おわりに

　2019（令和元）年後半、大学のみならず社会は新型コロナウイルスの影響によって、さまざまなことが変化しました。大学でもオンライン授業が行われ、大学の教育のあり方自体が問われています。キャンパスがオンライン化したことで、良いこともあったでしょう。しかし、大学生の生活がすべてオンラインで賄えるまでには至っていません。例えば、買い物も家から出ずにオンラインでできます。またオンラインで買ったものを受け取るのも「置き配」によって、人と接触せずに買い物を完結させることも可能な時代です。こうして、近い将来、生身の人と会わず、言葉も交わさずに生きていくことも可能となるかもしれません。このことにより、人と会うことによってもたらされていたストレスが、軽減あるいは激減され、生きるのが楽になる人もいるでしょう。

　一方で、コロナ禍は、人間の孤独の耐性を浮き彫りにしました。分断までは行きませんが、それぞれの「過ごし方」が先鋭化することは、考えようによっては、個人個人が好きなように生きることの指標のようです。小・中学校だと、教師や生徒が疲れてくると、クラスが荒れてきます。これが、ある意味での可視化です。しかし、キャンパスでは、学生の「荒れ」が見えにくく、オンラインにより一層見えにくさが増したように思います。好き好んで孤独を選んでいない場合はどうでしょうか。このような状況は、今後の社会の成り立ちにどのように影響してくるのでしょうか。

　本書は、このような社会状況を見据えながら、各地でキャンパスソーシャルワークを実践しているCSWr（キャンパスソーシャルワーカー）によって執筆されました。日本で初めての「キャンパスソーシャルワーク」の本を出したいと、編者たちの間で話題になったのは2017（平成29）年の学会が終わったあとの会話が発端だったように思います。その頃は、新型コロナウイルスがまだ流行していない時代でし

たが、それでも普段から忙しい全国のCSWrたちが対面で参集する機会は1年に一度のみでした。そして普段、会うことのない私たちは、お互いの仕事に日々追われ、出版に関する話が進むことはありませんでした。新型コロナウイルスが大学生にもたらしたさまざまな影響は、ここで語るまでもありません。CSWrは大学生の支援に、一層奔走しています。この忙しさの中で、オンラインは、1年に一度の会う機会を、気軽に増やす手段となりました。そこで、本書の打ち合わせも密にできるようになりました。

　キャンパスソーシャルワーク（CSW）という言葉に、学術的な定義はまだ存在していませんが、私たちはエビデンスを学生の声に求め、その声が一つでもあったら支援をする、このような志で活動をしています。マイノリティのために動くのは生産的でないと考える人もいましょう。なぜ「弱者」が「弱者」たるのか。その社会構造を考えれば、ある個人が背負っている事柄を無視はできないはずです。大学生の皆さんにも、このような視点を携えてもらえると嬉しいなと思います。

　大学生という個々の存在のみならず、大人数で講義を行うこともある大学教育の在り方までもが議論される時代に到達しています。そのような状況で、大学生の貧困や病気、障がい、自殺、孤独がコロナとの関係で論じられることもありましたが、コロナがもたらしたものではなく、以前から苦戦する多くの大学生たちがいました。決して目立たずに、ときには援助職につながらずに、しかし確かに存在している人たちでした。今回、この本により見えなくなってしまっている存在、聞こえなくされてしまっている声が少しでも皆さんに認識してもらい、何かを考えていただくきっかけになれば幸いです。また日頃から大学の黒子、縁の下の力持ち存在として働いているCSWrに、少しでもエールを送って頂けたら嬉しいです。社会のしあわせを考えられるために学びはあるのだと思います。私たちは、大学・大学生に希望をもっています。

　最後に、多忙ななかで原稿を執筆していただきましたCSWrの皆さまに、改めてお礼申し上げます。また、全原稿が当初の予定どおりに揃いましたが、諸般の事情により出版が遅れましたことを、編著者の一人としてお詫びします。また、出版に

当たり、（株）みらいの荻原太志氏の力強いご協力および、山形大学学生相談室の事務スタッフ梅津友美さん、根本慶子さんの大きなサポートをいただきましたことをお礼申し上げます。

2023（令和5）年9月

中澤 未美子

キャンパスソーシャルワーク
──大学における学生支援の必要性──

2023年10月10日　第1版第1刷発行
2023年12月1日　第1版第2刷発行

編　著　者　　米村　美奈・中澤　未美子
発　行　者　　竹鼻　均之
発　行　所　　(株)みらい
〒500-8137 岐阜市東興町40番地 第5澤田ビル
TEL 058-247-1227　FAX 058-247-1218
印刷・製本　　(株)太洋社

ISBN978-4-86015-600-8　　落丁本・乱丁本はお取り替えいたします。
Printed in Japan